イチローの逆境力

児玉光雄

JN264548

祥伝社黄金文庫

はじめに

私は現在、数多くの企業から「イチローの自己管理」について講演を求められることが多い。多くのアスリートがいる中で、なぜイチローなのか？

それは、逆境という困難な状況で、そこから早く抜け出すには、絶えまない自己管理が不可欠であることを、イチローは他のどのアスリートよりも強烈に脳に刻み込んでいるからだ。

いかにしてイチローは逆境を乗り越えて、これほど成功できたのか？ それが、この本のメインテーマである。

多くの人々が、「イチローほど成功し続けたアスリートはいない」と考えている。しかし、その考えはまったくまちがっている。

イチローほど逆境を味方につけて、着実に飛躍を遂げたアスリートを探すのは難しい。私たちがイチローの卓越したバットコントロールを身につけることは不可能だ。しかし、順境にはまったく興味を示さず、逆風をエネルギーに変えてどんどん才能を開花させてきた彼の思考・行動パターンなら、その気になれば身につけることができる。

この本でも強調しているが、イチローを野球にのめり込ませているのは、「仕事が好き」という単純な方程式。しかも「単純にプレーすることが好き」というよりも、むしろ「野球を通して、逆境を克服していくことを確かめるのが好き」という事実である。

つまり、仕事を好きになりさえすれば、少々の逆境なんて簡単に跳《は》ね返せるのだ。もっと言えば、逆境に立ち向かう覚悟がなければ、プロとして一人前にはなれない。

最近、あるシンクタンクの調査でも、「有能な社員ほど仕事を通して自分の才能を開花させることに意欲を示す」事実が判明している。

じつは、「内容のおもしろいプロの仕事なんて存在しない」と、考えたほうがいい。確かに、他人がしている仕事はおもしろく見える。しかし、いざ実際に自分がその仕事を引き受けてみると、今まで想定していなかったマイナスの要素がどんどん現われてきて、「こんなはずじゃなかった」と思うのである。あるとき、イチローはこう語っている。

「自分は幸せな人間だと思う。不幸な人間って、何事もなんの苦労もなくできてしまう人でしょう。でも、それでは克服する喜びがなくなってしまう」

イチローのように、「実力をつける唯一の機会は、逆境を克服するときにしか存在しない」と断言して、あえて自分から困難な状況に飛び込んでいこう。困難を克服することに快感を覚えて、はじめてあなたは一流のプロの仲間入りができる。

奇跡に奇跡が重なって、私たちはこの世に生まれてきた。しかし、私たちが考えているほど、人生は長くない。だから、急がねばならない。

それにもかかわらず、イチローのように逆境をバネにして、自分の得意技を究《きわ》めることにたっぷり時間をかけている人間は、驚くほど少ない。その結果、ほとんどの人々が自分の夢をかなえることなく、この世を去る運命にある。

この本との出会いがあなたの運命を変えるかもしれない。

イチローのように切迫感を持って、逆境をものともせず、一心不乱に自らの仕事の井戸を深く掘り進もう。そうすれば必ず、あなただけの得意技を身につけることができる。

それだけでなく、あなたは宝の山を掘り当てて、充実した、しかも幸せな人生を歩むことができるだろう。

二〇一一年四月

児玉《こだま》　光雄《みつお》

イチローの逆境力——［目次］

◉

〔第2章〕「逆境」に潜む飛躍のヒント

◉

［第3章］モチベーション・コントロール

［第4章］イチロー式「目標設定術」

［第5章］「積極思考」に徹する

［第6章］ 「視覚化」テクニック

本書は、二〇〇九年九月にぶんか社より刊行された単行本
『イチロー式 逆境力』を加筆修正して、改題したものです。

装幀――川畑博昭
図版――日本アートグラファー

［第1章］

「逆境」がイチローを偉大にした

1 仕事上のスランプに感謝しよう

この本のテーマは逆境力である。なぜ、イチローがあれほどまでの偉大なアスリートになり得たか？

それは逆境を見事に乗り切っただけではなく、逆境の中に潜んでいる飛躍のヒントを自分の才能に結びつけたことにある。

この本では、イチローの思考・行動パターンを通して、いかにして逆境に立ち向かってそれを糧《かて》として仕事に活かすか。あるいは、いかにして逆境を活用して仕事上でヒットを量産するか。そんなノウハウをできるだけ、たくさんご紹介していきたい。

２０１０年9月23日、この日イチローは、対トロント・ブルージェイズ戦の5回にセンター前ヒットを放ち、10年連続２００安打を達成する。イチローは一塁ベースを踏んだあと、少しだけ口元を緩めてから、右手でヘルメットを上げた。自軍ベンチの選手が総出でイチローに拍手を送る。

試合後、イチローはちょっと照れながらこう答えた。

「チームメイトが祝福してくれて、あ、喜んでいいんだ、って思いました。それでホッとしましたね」

このとき、イチローの脳裏には、順風満帆のときではなく、シーズンの苦しかったときのシーンが浮かんでいたはず。

事がうまく運ぶときは放っておけばよい。問題は事がうまく運ばないとき。ここで一流と並の人間の決定的な違いが出る。

イチローはスランプから飛躍のヒントをつかむ天才である。たとえば、イチローにとって5打数5安打のときは全然おもしろくない。なぜなら、自分の実力が素直に出ただけ。そこから学ぶことは何もない。だから、そんなときは放っておけばよい。イチローは、そう考えることができる。

それよりもイチローにとっておもしろいのは、5打数ノーヒットのとき。彼は、自分の19年間にわたるプロのキャリアの平均打率が3割4分であることを知っている。その自分がなぜヒットが打てないか。そのことを考えるのが楽しくてしかたがないという。

そういう逆境をバネにして飛躍するという思考パターンがイチローを偉大なアスリートに押し上げたと、私は考えている。

なぜイチローは、このような普通の人間と180度異なる思考パターンができるのか？

それは、**飛躍のチャンスは順境のときではなく、むしろ逆境のときに訪れている**という事実を、彼は過去のキャリアを通して経験しているからだ。

イチロー特有の口癖がある。「自分のことは自分で知っていますから」である。仕事の責任は、すべて自分で取らねばならない。そういう覚悟で、どんな状況でも仕事と格闘できるのが一流のプロ。

私たちもイチローのこの思考パターンを見習って、順境のときではなく逆境のときこそ、頭を研《と》ぎ澄《す》まして、その打開策を考え抜かねばならない。

あるいは、自分を意識的に追い込んでいくことも大事なこと。イチローは自らを追い込んでいくことにより、偉大なヒントを獲得することを知っている。

ピンチになればなるほど、頭を研ぎ澄まして、現状打破する具体策を考える。それだけでなく、仕事上で訪れるスランプに感謝できるようになったら、プロとして一人前なのである。

2 「ピンチ」と「チャンス」は同義語である

2010年9月18日、本拠地シアトルでの対テキサス・レンジャーズ戦の第1打席で内野安打を放ち、イチローは日米通算3500安打を記録する。

試合後、彼は「区切りだとは思っていませんから」という、いたってそっけない反応を記者団に示した。

メジャーリーグでは、ピート・ローズらわずか5人しか記録していない偉業である。しかし、祝福したのは、右翼席に陣取った熱狂的なシアトル・マリナーズのファンだけだった。なぜなら、シーズン200安打記録のときと違い、この快挙を伝える場内アナウンスがいっさいなかったからだ。

「僕から『止めてください』と伝えました」

この言葉から、チーム低迷のときの祝福ムードは違和感を感じるというイチローならではの配慮が感じられる。しかし、この偉業を達成したイチローの心の中には、逆境にあってもモチベーションを落とさずにベストを尽くしたから、ここまでヒットを積み重ねることができたという充実感があったはず。

逆境をたくましく生き抜くには、イチローのように、ときには開き直って失敗を恐れないこと。

イチローが偉大なメジャーリーガーに上り詰めたのは、失敗から何かをつかみとる行動パターンを身につけたから。

もちろん、失敗がただの失敗のままで終わってはいけない。それは「前進するための失敗」でなければならない。失敗を避けて大きな成功なんてあり得ない。逆に、失敗なくしてゴールにたどり着けるような仕事は、少なくともたいした仕事ではない。

つまり、失敗の数と仕事の偉大さは比例するのである。

あなたの仕事上の進歩を阻《はば》んでいる最大の要素は、失敗を恐れる気持ち。イチローのように、あえてヒットを打てない事実を「またとない進化のチャンス」と捉《とら》えよう。

5打数5安打のときに狂喜するのが並の打者。ちょっと良い成績が出ただけで浮かれてしまうから、努力することを怠《おこた》ってしまう。いっぽうイチローは、5打数5安打のことも翌日になるとすっかり忘れている。

転んでもただでは起きない。失敗しても何かを得る。そのために失敗がある。そう考えてみよう。もっと言えば、失敗しない限り飛躍の機会は得られない。そういう思考パターンを身につけるだけで、あなたは逆境を見事に跳ねのけることができる。

中国では、「機」という言葉に二種類の解釈があるという。ひとつは「危機」である。ピンチの状態をいう。もうひとつは「機会」であり、「チャンス」のことを指す。

つまり、**ピンチとチャンスは同じ言葉から発しているのである。**

ピンチのときこそ、じつは自分を飛躍させる最大のチャンスなのである。もしもあなたがピンチに遭遇したなら、「これでチャンスが与えられた!」そう考えてみよう。

そういう思考パターンに徹することにより、たとえ失敗しても、あなたはどんどん進化していくことができる。

3 自分の人生は自分で決める

2009年2月、第2回WBCを前にした宮崎合宿初日で、イチローは、彼特有のプラス思考でこの大会への抱負を示してみせた。

「前回大会からいろんなことを比較してみると、マイナスのことが浮かんでこないんですよね。チームや選手だけではなくて、それ以外のところでも見当たらない。だから、よけいなことを考えなくてすむ。というか、だって、(メディアも大勢で)こんな感じになってるわけじゃないですか。よぶんな力を使わなくていいことも含めて、マイナスがないんですよね」

それは、チームリーダーとして、過激な発言を繰り返した2006年に開催された第1

回WBCとは一味違っていただけでなく、彼のこの大会への強い思い入れの中には、前回とは違う心の余裕が随所に表われていた。

それだけでなく、イチローのWBCへの思い入れにはつねに「自分の人生は自分で決める」というメッセージが込められている。

人生という「車」において、なんとしてもあなたは「運転席に座る人」にならなければならない。もちろん助手席に乗っていても、目的地に到着できる。

しかし残念ながら、たいていの場合、その目的地は運転席に座る人が行きたいところであり、助手席に乗った人は、「ここは私の行きたい場所ではなかった」と嘆く。しかし、もはやそれはあとの祭り。人生にやり直しは利かないのだ。

このことについて、イギリスの劇作家バーナード・ショーはこう語っている。

「人々は、つねに今の自分を環境のせいにする。私は環境などあてにしていない。この世に身を立てる人というのは、自分で立ち上がり、望む環境を自分で探す人たちである」

もちろん、車の助手席に座っていたほうが楽である。それだけでなく、つつがない人生を送ることもできる。しかし、それでは不完全燃焼の人生にしかならない。

自分の内面にある願望の実現を阻んでいる環境を改善するのは、あなたしかいない。もちろん、誰もそのことについてアドバイスなんかしてくれないし、アドバイスを求めても正しい解答なんか誰も与えてくれない。

結局、自分の人生は自分で答えを出すしかない。**たとえまちがってもいいから、自分で決断して、自らの意志で行動する習慣をつけること。**これこそ、逆境を跳ね返して才能を身につけるための必須の要素である。

タイガー・ウッズがすごいのは、彼がすばらしいスイングを持っているだけではない。自らのショットを100％自分で決めるという彼の決断力がすばらしいのだ。ロングパットを見事に決めてバーディを奪ったとき、ウッズは喜びを精一杯身体で表現する。このシーンを見て、私たちはウッズがバーディを取ったことによって喜びを表わしていると錯覚してしまう。

しかし、事実はそうではない。彼は、自分の決断したパッティングのラインが正しかったことに対して喜びを見出しているに違いない。だから、カップにボールが沈み込んでも、自分の決断したラインに乗らなかったら、彼は不満の表情を浮かべるはず。そして、たとえラインがまちがっていても、自分の決断したライン通りにボールが打てたら、彼は満足するのである。

「自分の人生はすべて自分で決める」

そう叫んで毎朝ベッドから飛び起きよう。他人の指示に従うだけの人生や、与えられた環境に順応するだけの日課では、必ず不完全燃焼の人生になってしまい、この世から別れを告げるときに後悔するハメになる。

まちがってもいいから、自分の人生は自分で決断する。そういうメッセージを繰り返し、自分の脳に入力しよう。自分の決断した人生なら、少々の逆境などあなたはものともしないはず。

人生における「選択と集中」こそ、あなたの人生を成功に導くキーワードなのである。

4 感謝の気持ちを忘れないイチロー

第1回WBCと違って、第2回WBCにおいては、イチローが先頭に立って選手を引っ張っていくことも、あるいは刺激的なメッセージを意識的に発することもなかった。その理由は、「あえて自分は一人のメンバーとしてチームに貢献するだけ」という思いがあったから。

第1回WBCでは、チームを鼓舞《こぶ》することが、イチローにとってモチベーションを上げる強力な手段だった。そこからもう一段レベルアップして、今回はチームメイトへの感謝を示すことにより、素直な形で心の中にモチベーションが育つことを感じ取ったはず。

2009年3月18日の第2ラウンドの対キューバ戦、イチローは5回ノーアウト一塁で送りバントに失敗する。ベンチに戻ってもよほど悔しかったのか、下を向いたまま動かなかった。そのときのことを振り返って、イチローはこう語っている。

「本当に支えてくれてありがとう、という感じでしたね。あそこで流れを止めているのは、完全に僕。それでさらに感染して伝染して影響すると、本当にもうシアトル行きのキップを買うしかなくなるので。ああやってチームメイトがつないでくれるっていうのは、うん、ステキですね」

チームメイトへの感謝を示すことにより、自分のモチベーションを上げることができるという心理的スキルをイチローが身につけたのは、それほど昔のことではない。

もっと言えば、あえて修行僧のように孤高を維持してモチベーションを上げてきたイチローだったが、それ以外にもモチベーションを上げる方策があることを悟ったのは、たぶん第1回WBCがきっかけとなったはず。

事実、彼が2007年にFA権を取得したときにシアトル・マリナーズに残留した最大の要因は、ファンとの思いを断ち切れなかったからである。そのことを振り返って、イチローはこう語っている。

「7年間過ごしたシアトルのファンから、エネルギーをもらっている」

このシンプルなメッセージに、イチローのファンへの感謝の気持ちが凝縮されている。ファンへの感謝の気持ちがあれば、ファンからエネルギーをもらえる。バットに感謝すれば、バットがヒットを打たせてくれる。そういう思いが、イチローの心の中に去来しているはず。

じつはイチローをドラフト指名してくれたのは、当時のオリックス・ブルーウェーブ（現・オリックス・バファローズ）スカウト三輪田勝利《みわたかつとし》さんである。後年、三輪田さんはあるドラフトの事件に巻き込まれて、沖縄で自ら命を絶つ。

シーズンを終えて日本に帰国すると、イチローが必ずすることがある。それは神戸湾を見晴らせる三輪田さんの墓に妻の弓子《ゆみこ》さんと一緒に出向き、手を合わせる作業である。

「今シーズンもケガなく無事に終えることができました。三輪田さんが空から見守ってくれたおかげです」

周囲の人たちの支えがあるから、現在の自分がある。そういう感謝の気持ちが、あなたのモチベーションを自然に上げて、すごい仕事をさせてくれる。

5 自分の最大の特技を紙に書く

逆境にたくましくなるためには、まず自分自身の特技や嗜好《しこう》を再点検してみよう。

世の中では、その人間の「一番の得意技」が評価される。二番目の得意技はほとんど評価されない。

たとえばイチローもタイガー・ウッズも、視点を変えれば「普通のありふれた一市民」に過ぎない。もちろん、そこには「彼らの一番の得意技を除けば」という注釈がつくのだが……。

あなたの忍耐力も、一番の得意技でのみ発揮できればいい。それ以外のところで、忍耐力なんてほとんど必要ないと考えたほうがよい。イチローは、野球という分野で自分の特性を目一杯発揮したから評価された、と考えてみよう。

「創造物には、必然的にその創造の理由が存在するはずである」

これは、古代ギリシャの偉大な哲学者プラトンの言葉。つまり、私たちはなんらかの能力を最大限発揮するためにこの世に送り込まれたはず。それは何か？　それはあなた自身が自分の胸に手を当てて考えればよい。

とにかくあなたの最大の得意技を自分で意識して、それをもっと高いレベルに究めることにたっぷり時間を使うこと。もちろん、それは趣味であってはならない。

私たちに与えられた、限られた資源である時間をどこにたっぷり使うか？　これで、その人間の評価のほとんどが決まってしまうと考えたほうがよい。

イチローにとっての野球のように、**仕事上における自分の最大の特技をひとつだけでいいから紙に書き出して、そのことにたっぷり時間を注ぎ込もう。**

本来私たちは、自分の特技がなんであるかに気づかないまま、この世に生を受けた。そのことにあなたは、できるだけ早い時期に自分自身で気づかなければならない。たとえ家族や親友であろうと、あなたの本質を理解しているわけではなく、親切にアドバイスをしてくれるわけでもない。結局、自分が持つ最大の特技の正体は、自分で気づくしかない。

平凡な目立たない暮らしをすることに満足できるなら、自分の特技に意識を注がなくても、私たちは生きていける。その結果、一握りの人間以外の人は、自分の最大の特技を発揮しないままこの世に別れを告げる。

未知の自分の能力に気づいて、それを実際に確かめるほどの快感は、ほかにあまり見当たらない。あるいは、あなたの仕事上の最大の特技を究める努力をしているとき、逆境はまったく苦にならないことに気づくはず。それは、経験した人間にしかわからない。

あなたにとって、仕事上で、イチローが量産するヒットのようなものはなんだろう？　コーチの指導を徹底拒否して二軍に落ちたように（121ページ）、あなたにとって、イチローのバッティングフォームのような他人に弄《いじ》られたくない宝物はなんだろう？

このようなことにたっぷり時間をかけて、それを見出そう。**どんな逆境にあっても、けっして譲れないもの。それを見つけることが、あなたの人生を成功に導いてくれる。**

6 恐怖心や不安感を持っている人間ほど成功する

この世の中は、危機管理に敏感な人間が成功するようにできている。実現しそうもない最高のイメージを描くだけの夢想家に成り果ててはいけない。ときには、想定できる最悪のイメージを描いて、それを回避することに全力を尽くす。そういう心構えを持ってベストを尽くそう。このことに関して、イチローはこう語っている

「少し感覚を失ったときに、どういう自分でいられるかなのです。苦しいですが、あきらめない姿勢があれば、何かをつかむきっかけになります」

そういう意味で、**恐怖心や不安をいつも持っている人間ほど成功できる確率が高い。**

心身の危険を脳が察知したとき、アドレナリンが多量に分泌され、それが血液を介して私たちの全身を駆け巡る。そして、その危機回避を実現する「馬鹿力」を発揮するように脳は全身に指示を出す。

ただし、不安を持つだけで結局行動しない人間に成り果ててはいけない。彼らは、行動することをやめてただ、悩むことだけに時間を消費してしまっている。しかも、その悩みはすでに済んでしまったことへの悔恨《かいこん》であったり、まだ来ていない未来の起こるかもしれない漠然とした不安であったりする。

たいていの場合、それらは取るに足らないものであり、ただの時間潰しのテーマでしかない。だから、そのような悪癖に陥ってはならない。

限られた人生の時間という貴重な資源を、もっと建設的なものに使おう。つまり、才能を磨いたり、潜在能力を発揮する時間を確保することにもっと意欲を注げばよい。そして、悩んでいる暇があったら、勇気を出して何かをするための行動を起こそう。

思考することより、行動することのほうが何倍も尊《とうと》い。なぜなら、いくら思考を張り巡らしたところで、行動しない限り事態は何も変わらないからだ。

より洗練された行動をするための思考は意味があるが、悩むためだけの思考は毒にこそなれ、薬になることはない。そのことをしっかりと噛《か》みしめよう。

スランプに陥ったとき、悩んでいるだけでは、まったく事は解決しない。それどころか、状況はますます悪い方向に流れていく。そうではなく、ひとまず悩むことをやめて果敢に行動を起こしてみよう。

イチローは、スランプになったときには、黙々とバットを振ることでしか解決しないことを知っている。それどころか、バットを振り続けることにより、スランプを見事に脱出できることを彼は人生の中で実証してきた。

考えている暇があったら、即行動に移す。そういう積極性があなたを逆境から抜け出させてくれる。

7 結果が出ないことがスランプではない

イチローのコメントの中でも、とくに神秘的な響きを持っているのが、「スランプこそ絶好調」というものである。ここで、イチロー流のスランプの定義をしておこう。あるとき、彼はこう語っている。

「自分の力以上のものが働いている。打てるはずがないのに打ててしまう。そんな印象なんですよね。**ですから僕は、スランプのときにこそ絶好調が現われる。すごく感覚を失っているときにしか好調はあり得ない**」

一見矛盾したこの論理を打ち立てることによって、イチローは絶えまない進化を続けてきたと言える。

うまくいかないことが続いたとき、多くの人々がうろたえて、ただやみくもにそこから逃げようとする。だから、せっかく目の前に人生を成功に導くヒントが潜んでいるのに、それが見えない。結局彼らは、絶好の飛躍のきっかけを逃すことになる。

たとえばイチローの場合、それは4打数ノーヒットの場面である。こういう局面で、イチローと並のバッターとの心理状態がまったく違うものであることを私たちは思い知らされる。

イチローは、「4打席ノーヒット」のあとの5打席目で、最高の心理状態を維持して結果を出しにいく。この思考がますます集中力を高めて、彼を偉大なメジャーリーガーに仕立てている。

いっぽう並のバッターは、4打席ノーヒットで迎えた5打席目に最悪の心理状態で打席に入る。せっかくもう1回チャンスが残されているのに、「今日はヒットを打てそうもない」と考えて、モチベーションを自分で下げてしまう。だから、結局打てない。

通常は長期間、成果を出せない状態のことをスランプと表現する。巧打者であればずっとヒットが出ずに凡打を繰り返す、あるいは強打者なら何試合もホームランが出ない、こんな状態のことをスランプと表現する。

イチローと言えど、何打席もヒットに恵まれない状態が続くことがある。しかし、ヒットを打てる感覚さえ保持していれば、イチローはそれをスランプとは考えない。彼にとって、真剣に物事を追い求めているときには、スランプという言葉は似つかわしくない。

あるとき、イチローはこう語っている。

「僕の中のスランプの定義というのは、『感覚をつかんでいないこと』です。結果が出ていないことを、僕はスランプとは言わないですから」

何かを探求する姿勢を持ち続ける限り、日々必ず発見がある。だから結果には結びつかなくても、この状態をスランプとは呼べないはず。

たいした努力もせずに、すぐにスランプという言葉を口にする人がいる。こういう人は人生を成功に導くことなどできない。むしろそれほど苦労もせずに良い成果が出たあと、それ以降、結果に恵まれなくなる。こんなときこそ、スランプと言うべきなのである。

確かに結果の出ない時期はつらい。しかし、太陽の出ない暗闇が続くことがないように、ベストを尽くす姿勢を崩さなければ、必ずスランプ状態から脱出できるようになる。

考えてみれば、結果の出ないことは必ずしも悪いことではない。むしろ、その中に進歩のヒントが埋もれていると、考えてみよう。結果の出ないときほど自分との対話を深めていくことにより、飛躍のチャンスにあなたは巡り会うことができる。

毎シーズンのイチローの打撃成績を振り返ってみると、シーズン開幕当初の4月は芳《かんば》しいものではない。なぜなら、開幕直後に、イチローはレベルの高い試行錯誤を繰り返しているから。事実、あるシーズンの4月を振り返って、イチローはこう語っている。

「今までよりも打てると感じる球が増えてしまった。頭ではヒットにするのは難しいと感じる球でも、身体は打てると感じるわけですよ。それで凡打を重ねる。その機会が多かったのが4月でしたね」

結果、数字としてのスランプの時期は短期間で終わり、必ずそのすぐあとに爆発的な安打量産の時期を迎えている。

進化はその人間のピンチのたびに訪れる。しかもピンチの程度が大きければ大きいほど、それを克服したときの喜びは大きくなる。

「ピンチを見事に脱出することこそ、人生にとって最高の快感である」と考えて、目の前の仕事に全力を尽くそう。

そうすれば、仕事はどんどん楽しくなり、たいていの悩みが、じつは些細なことであったことに気づくはず。

あなたが逆境に遭遇したとき、笑顔を作りながら、イチローのように「スランプこそ絶好調」と自分にささやきかけよう。あるいは、「悪い状況ほど集中力が高まって燃える」と何度も自分に言い聞かせよう。それだけで、あなたは簡単に成功にたどり着くことができるようになる。

8 スランプのとき、パニックになったら負け

第2回WBCで、イチローはスランプに苦しんだ。9試合で44打数12安打、打率2割7分3厘。イチローとしては、納得いかない数字であることはあきらか。しかも、決勝戦を除くと打率は2割1分1厘に過ぎず、なんと得点圏打率にいたっては、13打数2安打、1割5分4厘まで下がってしまう。

しかし、イチローはこのスランプをあえて隠そうとしない。後に彼はこう語っている。

「僕は、あのときの自分と正面から向き合わねばならなかったし、変えたくなるところを投げ出さないで、そこからなんとか光をつかもうとしなくてはなりませんでした」

プロスポーツの世界だけでなく、ビジネスの世界でも、うまくいかないことの連続であ

る。あなたも、このイチローのように投げ出したくなるような散々な結果に終わることが珍しくないだろう。しかし、そこで投げ出しては一流のプロとは言えない。あえて絶不調の中でも冷静になって打開策を探る。そうすれば、必ずそこから見事に抜け出せる。

ピンチになれば、私たちはパニック状態になってそこから必死で逃げようとする。しかし、それではますます悪い事態に陥る。

パニックになるとろくなことはない。それを証明する象徴的なエピソードがある。

アフリカのライオンは、シマウマを餌食《えじき》にする。どのシマウマがライオンの犠牲になるか。ほとんどの人が一番足の遅いシマウマだと答える。しかし、それはまちがっている。じつは犠牲になるのは、ライオンに追われてパニックになったシマウマなのである。

つまり、パニックになった1頭のシマウマはライオンに向かって走ってくるのだ。ライオンはフットワークを使うこともなく、そのシマウマを餌食にするわけである。

「ピンチに陥ったとき、パニックになるとろくなことはない」ということをこの事実が教えてくれる。

仕事上でパニックになったときほど、私たちは、とんでもないミスをしてしまう運命にある。

そうではなく、**逆境になればなるほど冷静になって、その打開策を考える姿勢が求められる。**

イチローにしても、逆境のときほど飛躍しているという手ごたえがあるはず。そのことで忘れてはならない出来事がある。

それは1999年4月のナゴヤドームでのこと。この日、オリックス・ブルーウェーブ（当時）は、西武ライオンズ（当時）と戦っていた。最終打席、イチローは当時の西武のリリーフエースの西崎幸広《にしざきゆきひろ》投手に、凡打のセカンドゴロに打ち取られる。

一塁ベースを踏んでベンチに戻って来たとき、彼はニヤニヤ笑っていた。ほかの選手はそれを見て気持ち悪がった。それだけでなく、それを見ていた仰木彬《おおぎあきら》監督は、イチローに大目玉を食らわせる。

「お前はスランプにあるにもかかわらず凡打を打って、なぜニヤニヤしてるんだ」と怒鳴られた。そしてゲームが終了後、特別に打撃練習をさせられるというおまけまでついた。なぜ、凡打なのにイチローはニヤニヤしてベンチに戻って来たのか？　そのことを思い出したように、彼は自らの口でこのように語っている。

「1999年4月11日、日曜日、ナゴヤドームの西武戦です。3連戦の最終ゲーム、その9回トップバッターだった僕は、リリーフ登板した西崎さんにボテボテのセカンドゴロに打ち取られたんです。とくに、左バッターから見て二塁手から右側のセカンドゴロは最悪なんですね。二塁手よりセンター寄りのセカンドゴロはまだましなんですけど……。

それで僕は最悪のセカンドゴロだったんですが、次の瞬間、嘘のように目の前が晴れていったんですよ。ああ、これなんだと思いました。これまで探し求めていたタイミングと身体の動きを一瞬で見つけることができた。それをあやふやなイメージではなく、頭と身体で完全に理解することができたんです」

シーズン開始からまだ10日あまりの出来事である。彼のそれまでの打率は2割3分台、スランプのまっただなかにあった。そこで、ボテボテのセカンドゴロを打った。

その瞬間、イチローの脳裏にヒットを打つためのタイミングが見事にひらめいた。それがうれしかったから、彼はニヤニヤしてベンチに戻ってきたのである。事実、この試合を境にして、彼は4割近い打率で猛烈に打ち始める。

逆境に遭遇して、ただガッカリしているだけでは何もつかむことはできない。ピンチのときにこそ頭を研ぎ澄まして冷静になり、平常心でその事実をしっかり受け止めて、その解決策を練る。飛躍するにはそれしかない。彼特有のこの思考パターンが、彼を偉大なバッターに仕立てたと言えなくもない。

「スランプこそ絶好調」という一見意味不明の彼の言葉には、「過去の自分のキャリアを振り返ったとき、自分を育ててくれたのはヒットではなく凡打なのだ」という思いがにじみ出ている。

スランプこそが私たちを成長させてくれるわけだから、スランプのときこそ絶好調と考えるべきなのである。このイチロー特有の思考パターンを私たちも見習えば、必ず仕事上ですごいことをやってのけることができるようになる。

［第2章］

「逆境」に潜む飛躍のヒント

1 ハンディこそ、成長のエネルギー

自分のハンディを力に変えよう。イチローにしてみれば、彼の人生はハンディとの闘いの連続であったと言える。

○小さい頃から「プロ野球選手になるには小さ過ぎる」と言われ続けていた。
○甲子園に2回出場しているが、いずれも初戦で敗退している。
○ドラフト4位でしか指名されなかった。
○オリックス・ブルーウェーブ時代の最初の2年は、一軍に定着できなかった。

このようなハンディをバネにして、イチローは成長してきた。**じつはハンディこそ成長のエネルギーである。**このことに触れて、あるときイチローはこう語っている。

「身体がでかいことにそんなに意味はない。僕は、メジャーリーグでは一番小さいほう。それでもこんな記録が作れた。遠くに飛ばす力はバランスだとか、身体を正しく使うことによって生まれる。だから、小さい子どもが大きな身体がないとダメだと錯覚して、可能性を潰さないでほしい」

多くの偉大な人間が、逆境をバネにしてすばらしい仕事を成し遂げている。いっぽう、順風満帆ほど人間を怠惰《たいだ》にするものはない。じつは順調なときにこそ、そのあとに続くであろうピンチに備えるべきなのである。

「身体が小さい」ということを周りの人間から何十回、何百回となく、イチローは聞かされてきた。このハンディが「なんとしてもプロ野球選手になってみせる」という反骨心を生み出し、それが彼を偉大な打者に仕上げたのである。

じつはイチローは、高校2年生の春に交通事故に遭遇している。自転車に乗っていてライトバンに追突されたのである。彼は1カ月半、松葉杖の生活を余儀なくされる。しかもこの交通事故により、しばらくの間、速いボールが投げられなくなった。

この交通事故を機に、愛工大名電高校野球部の中村豪《なかむらたけし》監督（当時。以下、中村監督）

は、イチローをピッチャーから外野手にコンバートしたのである。もしもこの交通事故がなかったら、たぶんイチローは、オリックス・ブルーウェーブからドラフトの指名を受けていなかったはず。事実、イチローはそのことを思い出してこう語っている。

「交通事故さえなければ、きっとピッチャーを目指していたと思います。でも、事故のおかげで速い球が投げられなくなった。結果的に打者としてプロを目指すきっかけを作ってくれたのは、この交通事故なんですね」

良くないことが起こったとき、それを飛躍の予兆と捉えてみよう。反対に、絶好調のときに浮かれている人は、不運がすぐそばまで迫っていると考えて気を引き締めよう。

「すべてのことは、最良に向かって起こっている」というアメリカの格言がある。良いことだけでなく「悪いことも、すべてあなたの最良のために不可欠なもの」と考えて、ベストを尽くそう。そういう心がけが、あなたに幸せをもたらしてくれる。

2 「逆境」の中に潜む飛躍のヒントをつかまえる

2010年のシーズン終了時点で、イチローの通算安打数は3522。しかも、前人未到の10年連続200安打を達成した。これは、自身の9年連続を塗り替えただけでなく、連続ではなく生涯200安打を10度達成したピート・ローズの記録に並んだ。

もちろん、連続200安打のイチロー以外の記録は、今から108年前にさかのぼる。当時ウィリー・キラーという選手が8年連続を記録している。

ただし、当時はエラーもすべてヒットに換算されたり、投手は一人で投げきることが多かったため、今のような継投策が確立しているメジャーリーグとは比べものにならないくらい打者に有利だった。その意味でも、この記録がいかにすごいかがよくわかる。

イチローがなぜ、このような偉大な記録を打ち立てられたのか？　多くの人々が彼の天性のバッティングセンスによるものと理由づけしている。しかし、本当にそうだろうか？

もちろん、素質がなければまったく話にならない。しかし、素質だけで一流の人間になることなど、じつはほとんど不可能。イチローの成功の要因を素質のせいにしてしまえば、話は簡単である。しかし、それではまったく説明がつかない。

その証拠に、この世の中は、才能に満ちあふれながら、頭角を現わせないでくすんでいる天才であふれ返っている。あるいは、イチローと同じような野球のセンスを持っている選手を、日本のプロ野球界やメジャーリーグの中に探すことはそれほど難しくない。

彼の成功は、逆境をバネにしてその才能を開花させたことにある。もちろんそれ以外にも、「つねに心の中にやる気が満ちあふれている」「重圧に負けない精神力」「最高の自己イメージ」「完璧なまでの準備」そして「日々の絶えまない努力」といった、いずれもその気になりさえすれば、私たちが日々実行できることを実行したから、彼は偉大なアスリートになれた。

これはあまり知られていないが、**イチローが偉大なプレーヤーになれたのは、良くない出来事をたくさん経験したからだ。**

じつはイチローが愛工大名電で過ごした3年間のチーム成績は、たいしたものではない。愛工大名電は、イチローの高校2年夏と高校3年春の二度甲子園に出場しているが、いずれも1回戦で敗退。

そのときのイチローの記録は、高2の1回戦では4打数1安打。高3の春は、なんと5打数無安打という惨憺《さんたん》たる成績である。この成績で、プロ野球のドラフトにかかることなどほとんど不可能である。

実際イチローをドラフトに指名してくれたのは、オリックス・ブルーウェーブただ1球団だけである。しかも、ドラフト順位は4位である。

さらにプロに入ってからも、1年目のシーズンは、最後の9月にようやくレギュラーで出場するが、2年目にいたってはときどき代打や代走に起用される程度と、まったくと言っていいほど成績を残していない。

このデータだけを見て、この選手が後に海を渡ってメジャーリーグで大活躍し、偉大な記録を残すとは、そのとき誰が予測しただろうか？

血のにじむような努力と、小学生の頃から憧れていた「プロ野球選手になりたい」という欲望の強さに加え、逆境にあってそこから飛躍のヒントをつかんだから、プロ野球選手という大きなプレゼントを得ることができた。私はそう考えている。

つまり、**逆境の中に潜む飛躍のヒントをつかまえることができたら、誰でも一流の仲間入りできるのである。**

3 報酬者《スポンサー》を満足させるのがプロの仕事

プロの仕事で、内容のおもしろい仕事など、ほとんど存在しないと考えたほうがよい。

泥臭い、単純作業の繰り返し。これがプロの仕事なのである。言い換えれば、内容のおもしろい仕事を選択しているうちは一人前のプロとは言えない。

イチローにしても、「バットを振る作業はあまりおもしろくない作業である」と語っている。しかし、なぜ彼が、心を込めてバットを振るという単純作業に明け暮れることができるのか？

それは、バットを振らなければヒットを量産することなどできない事実を痛いほど感じているから。もっと楽な近道があればそれを選択したい。しかし、そんな近道なんてまったく存在しない。ただ黙々とおもしろくない単純作業であるバットを振ることでしか、ヒットは量産できない。その厳然たる事実を彼は肝《きも》に銘《めい》じている。

プロの仕事には必ずニーズがある。そして、そのニーズがある仕事はたいていおもしろくない内容の作業である。

逆境に陥っても、おもしろくないはずの単純作業にのめり込む理由は、私の知り得る限りたったひとつしかない。それは、その仕事の報酬者《スポンサー》を満足させること。

つまりすべての仕事には、その対価として報酬を支払ってくれる報酬者が存在する。だから、内容のおもしろくないはずの仕事にのめり込むには、その報酬者を満足させることしかない。

もしも、その報酬者を満足させることができなくなったら、報酬者からの注文は二度と来ないと考えたほうがよい。プロである以上、その仕事に報酬を支払ってくれる報酬者を永続的に満足させる使命が求められる。

それでは、イチローの報酬者は誰だろう？　それは、シアトル・マリナーズのオーナーではない。オーナーは彼に莫大な報酬を支払っているが、あくまでも代理人に過ぎない。

真の報酬者は、もちろんシアトル・マリナーズの本拠地セーフコ・フィールドに高い入場料を払って足繁《あししげ》く通ってくれるファンである。

つまり、獲得している莫大な報酬と引き換えに、イチローは芸術的なヒットをできるだけたくさんマリナーズファンの目の前で打って見せて、彼らを満足させなければならない。その使命の大切さを、彼は痛いほど自覚しているから懸命になれる。

じつは、私たちはちょっとしたかんちがいをしている。報酬者はアスリートたち自身に報酬を支払ってくれているというかんちがいである。報酬者は、アスリートたちに報酬を支払っている意識なんてまったくない。

彼らは、アスリートたちが自分たちに与えてくれるサービスの対価として報酬を支払っている。だから、満足するサービスさえ与えてくれたら、その仕事を担当する人間は、誰でもいいのである。つまり報酬者は、自分に最高の満足をもたらしてくれる人間がそのポジションに座るべきであると考えている。

プロの仕事というのは、ポジションの奪い合いなのである。

たとえば、シアトル・マリナーズには、約二五〇人の支配下選手がいる。そのうちの約一〇〇人はピッチャーである。これはイチローのライバルにはなり得ない。なぜなら、彼らの役割がまったく違うからだ。

残りの約一五〇人の野手が、彼のライバル。つまり単純計算で、ひとつのポジションに約二〇人の選手がひしめいているということになる。

たぶん、AやAAのマイナーの選手は、彼のライバルにはなり得ない。なぜなら、能力的に彼らはイチローにまったく及ばないから。しかし、いつメジャーに上がってもおかしくない、彼よりもずっと年俸の低い、しかも彼よりも年齢の若い四、五人のAAAの有能な選手が、虎視眈々《こしたんたん》と彼のポジションを狙っているはず。

つまりマリナーズの1番ライトというポジションは、イチローとてけっして安泰ではないということ。「今シーズン、イチローがケガでもしてくれないかな」と考えている選手がいないとも限らない。

ひとつのポジションを複数の人間が奪い合うのが、プロの世界のルール。誰がそのポジションに座るべきか。もちろん、それは報酬者に最高の成果を与えることのできる人間なのである。

これからの時代は、置き換えの利かない得意技を身につけた、与えられた仕事で最大の成果を上げることができる人間をかき集めた組織だけが勝ち残れるようになる。

4 換えの利かない「ブランド人間」になる

日本を代表する経済学者の一人である東京大学経済学部の岩井克人《いわいかつひと》名誉教授が、日本経済新聞のコラムでこう語っている。

「これからの時代は、組織に違いを生み出せる特異な才能や斬新な着想を持った人材が、その組織の主要な資本になる」

この情報化社会においては、人こそ組織における最大の資本である。自分の得意技を自覚して徹底してそれを伸ばすこと。これこそ、一流のプロの仲間入りをする大きな要因なのである。

最近、欧米で注目されている言葉がある。それは「ブランディング」という言葉。これからの10年は、ブランディングがキーワードになる。

ブランディングとは「ブランド化」という意味。たとえば、女性なら、「ルイ・ヴィトン」という言葉を聞けば、その会社が何を作っているか、一瞬にしてイメージが浮かんでくる。

あるいは、「ナイキ」という名前を聞いたスポーツ好きの男性なら、その会社が何を作っているかがすぐに脳裏に浮かぶはず。あるいは、日本を代表する企業である「トヨタ」や「ソニー」という名前もすべてブランドである。もちろん会社だけでなく、人間にもブランドが存在する。

ブランド人間とは、希少価値のある置き換えの利かない人間のこと。たとえばイチローや石川遼《いしかわりょう》選手という名前は、すでにブランドである。

プロである以上、私たちの名前そのものがブランドでなければならない。つまりプロである限り、私たちの名前は、イチロー以上でも以下でもなく同等でなければならない。

とにかく、組織の中で置き換えの利かないブランド人間になること。これこそ、この過酷な競争社会を生き残るキーワード。

これに関して、私の大好きな「二人のきこりの話」がある。

二人のきこりが丸太を切る能力を競った。この二人のきこりの木を切る能力は、まったく同じであると仮定する。そして、この二人のきこりに同じ性能ののこぎりと丸太が与えられる。「ヨーイ、ドン」の合図とともに、競技がスタートする。彼らの与えられた時間は1時間。

きこりAは、スタートと同時に一心不乱に丸太を切る作業に没頭して、1時間で4本の丸太を切断した。いっぽうきこりBは、すぐに丸太を切る作業にとりかからなかった。最初20分、彼はきこりAが夢中で丸太を切る作業に没頭しているのを横目で見ながら、リラックスしてタバコをふかし、別の作業に没頭したのである。

そして「それではそろそろ丸太を切る作業にとりかかろうか」と重い腰を上げ、ようやく丸太を切る作業を始めた。結果はどうだったか？　なんと、きこりBは残り40分で8本の丸太を切ることに成功したのである。つまり、きこりBがきこりAの2倍の丸太を切って圧勝したのだ。

それでは、最初の20分にきこりBは何をしていたのだろう？

じつは最初の20分間、彼はのこぎりの刃を研いでいたのである。

つまりこの話から私たちが学ぶべきことは、**つまらない情報の処理やとりとめのないメールを打つ作業に費やす時間を切り詰めて、仕事上で最大の武器となる得意技を磨くことに、たっぷり時間を割《さ》かなければならない**ということ。それがブランド人間になる最短にして唯一の道なのである。

5 「量質転化《りょうしつてんか》」で逆境を乗り切る

個性というのは、「ほかの人間との相違点」のことを言う。日本人が得意な画一的教育が、個性を奪い取ってしまっている。

20世紀がそうであったように、どこを切っても同じ顔が出てくる金太郎飴型の人材をいくら量産しても、もはやこれからの時代では組織は生き残れない。イチローや競泳の北島《きたじま》康介《こうすけ》選手が、気の遠くなるような時間を費やしてひたすら得意技を磨き続けてきたように、あなたも目の前の仕事を通して、なんとしてもスキルを磨き続ける時間を確保しなければならない。

そのためには、とにかく目の前の仕事で量を稼ぐしかない。明治大学の齋藤孝《さいとうたかし》教授が、自らの著書の中でひとつの言葉を強調している。

その言葉は、**「量質転化《りょうしつてんか》」**という言葉。これは**「仕事で量を稼いだら、自動的に仕事の質は高まる」**という意味。逆境の時代にあって、「量質転化」こそ、成功を手に入れるキーワードなのである。あるとき、イチローはこう語っている。

「僕を天才と言う人がいますが、僕自身はそうは思いません。毎日血のにじむような練習を繰り返してきたから、今の僕があると思っています。僕は天才ではありません」

彼が言う「天才」の定義とは、努力することもなく突然周りの人間がビックリするようなことをやってのける人間のことを言う。「少なくとも自分はその範疇《はんちゅう》にはない」という思いがイチローにはある。

血のにじむような努力を繰り返してきたから、ヒットを量産できる。プロのプライドがこの言葉から感じ取れる。イチローはこうも言っている。

「結局は細かいことを積み重ねることでしか、頂上には行けない。それ以外には方法はないということです」

つまり、細かい単純作業を積み重ねることでしか、一流にはなれないということ。内容のおもしろくない、泥臭い単純作業を延々と繰り返して、量質転化できた人間だけが偉大な仕事をやってのけることができるのだ。

これに関して、NTTドコモで携帯電話のiモードの原型を作り上げた松永《まつなが》真理《まり》さんがこう語っている。

「仕事の95％はルーティンワークのくりかえし。でも、残りの５％をどう膨らませるかで仕事をおもしろくできるかどうかが決まる。**どこかにおもしろい仕事がないかと探すんじゃなく、目の前の仕事をおもしろくする方法を探すことのほうが重要。**楽しいことをするんじゃなくて、することを楽しんでみる。こっちのほうが知的だし、ずっと豊かな人生になると思うんです」

量質転化のお手本は、パブロ・ピカソでまちがいないだろう。彼は92歳まで生きた。そして10歳から創作活動を始めたと言われている。彼が遺《のこ》した作品がどれぐらいあるのか、あまりにも多くてまったく不明である。

ただし、少なく見積もっても15万点の作品を遺したと言われている。82年間で15万点の作品を遺すには、1日にどれぐらいのペースで作り続けなければならないのだろう？

答えは、1日5点である。1日も休まず5点作り続けて82年間で、やっと15万点に到達するのだ。生前、彼はこう語っている。

「自分の作品はすべて自分の息子である。しかも、それらはすべてが僕の成功なのだ」

作品のすべてが彼にとっては大事な自分の息子のようなものであり、それはすべて成功だったというピカソの言葉をあなたなりに噛みしめよう。

とにかくピカソのように、目の前の仕事で量を稼ぐ。これこそ逆境を乗り切るキーワードなのである。

6 転職よりも、目の前の仕事を天職と考える

著名な啓蒙家ジョン・C・マクスウェルが語っている。

「私たちはひとつの誤解をしている。ほとんどの人が成功という言葉を取り違えている。ほとんどの人が夢の実現を成功と考えている。でも、それはまったくまちがっている。真の成功とは、夢に向かって少しずつ前進するその行為そのもののことを言うのだ」

つまり、うまくいこうが逆境にさらされようが、夢を描き、そこに一歩でも近づこうとする努力こそ、まさに成功そのものなのだ。

イチローにとっての究極の夢とは、たぶん「打率10割の完璧なバッターに少しでも近づくこと」である。それこそが彼の絶えまない努力の源《みなもと》なのである。

打率10割のバッターになることなど、まったく不可能。しかし、そこに少しでも近づこうとする努力ならできる。イチローにとっては、具体的な夢を持ってそこに少しでも近づこうという行為を成功と呼ぶ。だから、その行動がうまくいこうが、失敗しようが、そんなことはまったく関係ない。

イチローは、オリックス・ブルーウェーブに入団した3年目の1994年のシーズンに3割8分5厘、210本のヒットを打って、はじめて首位打者に輝いた。

つまり、彼がプロの世界で頂点を極めるまでには、じつに本格的に野球を始めた小学3年生のときから13年間かかっているわけである。

世界一のプロゴルファー、タイガー・ウッズは、3歳でゴルフクラブを父親から与えられた。8歳ではじめて70台のスコアを出し、12歳ではじめて60台のスコアを出したという。そして15歳で全米ジュニアチャンピオンに輝いた。しかし、ゴルフ評論家はまだ彼を一流とは見なしていなかった。

18歳のときに全米アマチュアチャンピオンに輝いて、ウッズはやっと一流として認められたのである。はじめてクラブを握ってから、すでに15年間かかっている。

あるいは、チャイコフスキー国際コンクールという、4年に一度だけしか開かれない、いわゆる音楽家の登竜門として有名なコンクールがある。2007年、神尾真由子《かみおまゆこ》さんという21歳の女性が、ヴァイオリン部門で日本人二人目のチャンピオンに輝いた。

彼女はヴァイオリンを両親から4歳のときに与えられたと言われている。それから17年間、血のにじむような研鑽《けんさん》の末にタイトルを獲得することができた。

じつはチャイコフスキー国際コンクールの歴代チャンピオンの、はじめて楽器を持ってからタイトルを獲得するまでの平均年数のデータがある。なんと17・2年。まさに彼女のデータとぴったり一致する。

「石の上にも3年」は、まったく短すぎると、私は考えている。石の上にも最低10年。

もしもあなたが10年間かけて、目の前の仕事に一心不乱に情熱を注ぎ込んだとしたら、必ず一角《ひとかど》の人間になれる。それだけでなく、一心不乱に目の前の仕事にのめり込むことにより逆境が逆境でなくなる。

仕事は縁。それはちょうど伴侶を選ぶのに似ている。私たちの限られた人生の中で、プロと呼ばれるためには、道半ばにして転職してゼロからスタートするには、あまりにも人生は短すぎる。人生の中でそういうチャンスは、せいぜい一度か二度しかないと考えたほうがよい。

ならば、**目の前の仕事こそ天職であると考えるべきである。**

今まで自分がどれだけ時間を犠牲にしてきたか。そのことを考えると、目の前の仕事で得意技を究めるしか道はない。それこそ逆境を乗り越えるために不可欠な要素である。

7 修羅場を避けてはいけない

逆境をバネにして飛躍するには、とにかく目の前の仕事に没頭すること。もっと言えば、取り憑《とっ》かれることこそ逆境を跳ね返すエネルギー源。ここに、私の大好きなイチローの言葉がある。

「ある時期、僕はパワーをつけたい、ボールを遠くへ飛ばしたいといった考えに取り憑かれていました。そうすると、そのことばかりズーッと考えてしまうのです」

懸案事項を頭の中にたたき込んで、取り憑かれる。イチローのように、断続的でもいいから、解決しなければならない最重要のテーマを頭の中にたたき込んで、24時間思索を張り巡らす。これこそ、逆境を跳ね返す大きな武器になる。

このことに関して、イチローのあるエピソードをご紹介しよう。彼が所属した愛工大名電の野球部員は、当時全員が合宿所暮らしだった。その合宿所に幽霊が出たという噂が立ったのである。

ある日の深夜2時頃、チームメイトがトイレに立った。すると外で「ビュンビュン」という音を聞いた。それを彼は幽霊と取り違えて、翌朝チームメイトに言いふらして大騒ぎになったという。

じつは、それはイチローがトイレの外でバットを振っている音だった。なぜ、彼は午前2時にバットを振っていたのか。後年、彼は自らの口でこう語っている。

「それはたぶん、あの日のことだと思う。夢の中に自分が素振りをしている姿が出てきた。そこでハッと目が覚めた。思わずその先を見たくなって、バットを持って外へ出て素振りをしただけだ」

つまり、夢の先を見たいがために、わざわざバットを持って午前2時に外へ出て素振りをした。取り憑かれるとは、まさにこのことを言う。

これは、並の人間ではなかなかできない。たとえ夢の中に自分がバットを振るシーンが出てきても、「明日素振りをすればいいや」と考えて、再び眠りに入るはず。

書店には、「願えば夢はかなう」などという安直な自己啓発本があふれている。しかし、願って夢がかなうほど、この世の中は甘くない。それが事実としたら、この世の中は成功者だらけである。しかし、事実はそうではない。

もちろん、私は願うことを否定しているわけではない。願うことにより行動力がつく。そしてその行動力こそが私たちの夢をかなえてくれる。結局、行動力なくして夢をかなえることなどまったく不可能なのである。

イチローのようにひとつのテーマに取り憑かれることにより、自然に行動力がつき、その結果、夢がかなう。たとえ逆境のまっただなかにあったとしても、この精神さえあれば動じることなく行動に移すことができ、その結果、見事に逆境から立ち直ることができるようになる。

順風満帆のときには、誰もが意気揚々と行動に移すことができる。ところが、ちょっとした逆境になっただけで怖《お》じ気《け》づいて逃げ出すのが並の人間。これでは、とうてい一流の仲間入りなどできない。

プロとして一流になりたかったら、修羅場をくぐることを避けてはいけない。もっと言えば、くぐった修羅場の数だけ成長できると、考えてみよう。

これに関して、ボストン・レッドソックスの松坂大輔《まつざかだいすけ》投手のエピソードを紹介しよう。松坂と同世代には、優秀なプロ野球選手が多い。たとえば2009年の交流戦でMVPを獲得した福岡ソフトバンク・ホークスの杉内俊哉《すぎうちとしや》投手や和田毅《わだつよし》投手、あるいは阪神タイガースの藤川球児《ふじかわきゅうじ》投手も松坂世代である。

松坂は横浜高校から大学を経ずに、鳴り物入りで1999年に西武ライオンズへ入団した。その4年後の2003年に、大学を経てプロに入って来た松坂世代の選手もたくさんいたのである。

2003年のシーズン開幕直前の記者会見で、ある記者がちょっと口を滑らせて、「これで、彼らと同じスタートラインに立てましたね」と、松坂に問いかけた。そのとき、彼はちょっとムッとした不機嫌そうな顔になったという。

後に彼は、そのことを思い出してこう語っている。

「それは違うぞと思います。かんちがいしてほしくない。同じ舞台に立ったと言うなら、まだわかるんです。でも、同じスタートラインなんかに僕はいませんよ。これから入って来る人たちは、いっせいにスタートです。だけど僕は、もう4年前にスタートを切っているわけで、はっきり言って、もう今はみんなの見えないところにいるんですから……」

つまり、プロの世界で4年間何度も修羅場をくぐってきた自分と、大学野球というアマチュアでやっていた連中を一緒にしてもらっては困る、というプロのプライドがこの言葉ににじみ出ている。

一流のプロになりたかったら、修羅場をくぐることを避けてはいけない。修羅場がその人間を鍛えてたくましくしてくれる。

あえて修羅場をくぐることを楽しもう。どんな崖っぷちの状態に陥っても、冷静にその事態をありのままに受け止めて頭を研ぎ澄まして、そこから打開策を見出す能力こそ、一流のプロの共通点なのである。

8 あたりまえのことを毎日、淡々とやり続ける

イチローはあるとき、こう語っている。

「ドキドキする感じとか、ワクワクする感じとか、プレッシャーのかかる感じというのはたまらないですね、僕にとって。これが勝負の世界にいる者の醍醐味ですからね」

彼は結果に対して、いたって無頓着である。たとえば２００９年６月３日、メジャーで27試合連続安打自己記録を更新したゲームのあとで、彼はこう語っている。

「もうそっちで勝手にやってください。もう昨日（自己記録を塗り替えた日）で終わりだと思うけど……」

順境にはまるで無反応。しかし、逆境ではなんとしてもそこから飛躍のヒントを見つけて這《は》い上がろうとする。そういう真逆の思考パターンが、イチローを偉大なアスリートに仕立てたのである。執着力という言葉は多くの人々に少し誤解を与えている。自分が執着しているという意識があるうちは、半人前。どんな逆境にあっても、平然とあたりまえのことを淡々とこなす。これこそ、究極の執着力というもの。

毎日あたりまえのことをやり続けることを馬鹿にしてはいけない。

兵庫県出身の私は、小さい頃から阪神タイガースの熱狂的ファンである。なかでも、私が大好きな選手に金本知憲《かねもともとあき》外野手がいる。あたりまえのことを淡々とやり続けることの大切さを、彼ほど実際の行動で私たちに示して見せてくれる人間を見つけるのは難しい。

２００６年4月9日、この日彼は、当時カル・リプケン内野手の持っていた９０３試合フルイニング出場の世界記録を更新する。

もちろんそれまでにも、たびたびこの記録が途絶えるピンチに見舞われている。たとえば、その典型例が、２００４年7月29日の中日ドラゴンズ戦。

その3日後に、彼は701試合フルイニング連続試合出場の日本記録を達成するのだが、そのゲームで中日ドラゴンズの岩瀬仁紀《いわせひとき》投手から左手首にデッドボールを受けたのだ。手首がみるみる腫《は》れ上がり、阪神ファンの誰もが、もはや記録は途絶えたと思った。しかし翌日の読売ジャイアンツ戦、彼は第1打席からバッターボックスに立った。そして、なんと彼はこのゲームで、右手1本で2本のヒットを打ったのである。

「自分がケガとして認めない限り、それはケガではない」

この哲学を彼は貫いている。多くのタイガースファンが、「たぶん、このケガでは彼は出場できない」と思っても、彼自身がこれはケガではないと感じているので、バッターボックスに立てるのである。あるとき、彼はこう語っている。

「ゴルフで負けても、ちっとも悔しくない。だけど野球で負けたときは悔しい。人それぞれ価値観があるだろうし、オレの場合は野球なんだよ。それを職業としてやることができて、ファンも喜んでくれる。だから、もっとがんばらんといかんと思う」

あるいは、ちょっとしたスランプで悩んでいる若手選手には、こう言って元気づける。

「オレは酒も飲むし、不摂生もする。でも、そんなオレでもこれだけのことができるんだ。だから、もっとがんばらんとあかんやないか」

こう語って若手選手を元気づけるのである。それだけでなく、彼のすばらしいところは世界記録にはまったく執着していないこと。

「オレは世界記録に未練なんかまったくない。スランプに陥ってチームに迷惑をかけるなら、いつベンチに引っ込めてもらってもいい。そういう覚悟で、毎日ベストを尽くすことに命を懸けている」

自分の連続試合出場の世界記録の更新はひとまず抑え込み、チームの勝利を最優先してあたりまえのことを淡々と、しかも全力でこなしていく。残念ながら、フルイニング連続試合出場の記録は途絶えたが、まさに金本こそ、「プロの鑑《かがみ》」と呼べる選手なのである。

［第3章］

モチベーション・コントロール

1 仕事の中にモチベーターを見つける

逆境に立ち向かうには、どんなときでも仕事における高いレベルのモチベーションを維持しなければならない。順境ではあんなに高いレベルのモチベーションを維持していたのに、ちょっとした逆境に陥ると、とたんにモチベーションが下がる人がいる。

いっぽう、イチローはどんな逆境にあっても、つねに高いレベルのモチベーションを維持できる。

「モチベーター」という言葉がある。これは「モチベーションを左右する要素」のこと。

仕事に夢中になれる人間は、どんな状況においても、目の前の仕事の中に自分にとって好ましいモチベーターを見つけることができる。

逆に、どんなにおもしろい仕事でも没頭できない人の共通点は、仕事の中に好ましいモチベーターを見つけられないこと。『幸福論』を著わしたフランスの哲学者アランに、私の大好きな言葉がある。

「どんな職業も、自分が支配している限りは愉快であり、自分が服従している限りは不愉快である」

ならば、なんとしても仕事をおもしろくする工夫が不可欠である。つまり仕事がおもしろく感じられる人は幸せ者であり、ただ仕事をお金を稼ぐ手段としか捉えられない人は、不幸な人生を歩んでいると言える。

私たちの人生に与えられた平日の時間の中で、仕事に伴う時間は、睡眠時間や食事時間といった生活するうえで不可欠な時間を除いた可処分時間の大部分を占めていることがわかる。実質の勤務時間だけでなく、外出の準備、通勤時間、休憩時間を含めると、たぶん多くのビジネスパーソンにとって、平日の可処分時間の80％以上は、仕事のために費やしているはず。

だから、仕事において高いレベルのモチベーションを維持しない限り、私たちは幸せにはなれない。どんなにおもしろくない内容の仕事の中にも、必ず強力なモチベーターが潜んでいるから、それを今すぐ仕事の中に見つけよう。

じつは、業績のすばらしい企業の共通点は、そこに働くメンバーが生き生きとやる気に満ちあふれていること。いっぽう、成果の上がらない赤字企業のメンバーは、表情や態度がなんとなく冴《さ》えない。

つまり、メンバーのモチベーションは感染するのである。

第2回WBCにおける日本チームを優勝に導いた最大の要因は、イチローの高いモチベーションに触発されて、選手全員のモチベーションレベルが異常なまでに高まったからだ、と私は考えている。

その意味でこの大会でのイチローの存在価値は、たんなる彼自身の打撃成績だけではまったく評価することはできない。彼は他の選手に向かってこう語っている。

「『守る』ではなくて『奪う』ことに全神経を集中しよう」

イチローの一挙手一投足が他の選手を触発して、モチベーションを自動的に上げただけでなく、彼は「WBC連覇」というわかりやすいミッションを全選手に浸透させた。

その結果、予選ラウンドではそれほど高いモチベーションを維持していなかった選手の心を見事にかき立て、ひいては、それが夢を実現させたと言える。

チームリーダーが率先してモチベーションを上げさえすれば、そのパワーは全メンバーの心に伝わり、そのときどんなに深刻な問題を抱えていても、それは夢を実現する行動力に結びついていく。

仕事をおもしろくさせるためには、なんとしても自分にとって好ましいモチベーターを探すこと。そのことに尽きる。

仕事の中にワクワクするようなモチベーターを必死になって探し回ろう。それがあなたの仕事をおもしろくさせてくれる大きなカギとなる。

2 「お金」というモチベーター

モチベーターには2種類ある。「**外発的モチベーター**」と「**内発的モチベーター**」である。まず、外発的モチベーターについて、説明しよう。

外発的モチベーターのひとつ目は、「金銭報酬」。これはビジネスパーソンにとって、とても強烈な外発的モチベーター。しかし、これがあなたの最強のモチベーターになってはならない。

なぜなら、ほとんどの人々にとって、金銭報酬は自分ではコントロールできない要素だからである。たとえオーナー企業のトップであれ、この報酬はもはや自分ではほとんどコントロールできない時代になりつつある。

自分がコントロールできる要素だけに没頭することは、人生を成功に導くための重要な心理法則。少なくとも金銭報酬が自分でコントロールできない要素である以上、あまり過剰反応してもしかたがない。

もちろんイチローにとっても、もはや金銭報酬が最強のモチベーターでないことは、火を見るよりもあきらか。なぜなら、彼はすでに生涯かけても遣《つか》い切れない報酬を獲得しているはずだから。

つまり、彼があれほど必死になってヒットを打とうとしているのは、少なくとも金銭を稼ぐという目的のためではない。ほかにもっと強力なモチベーターが存在するのである。

もちろん、イチローにとって金銭報酬は無視できない要素である。なぜなら一流のメジャーリーガーの評価は、年俸によって示されるからである。一流メジャーリーガーと呼ばれるためには、年俸10億円以上を稼がなければならない。

イチローがそのことにこだわっていることはまちがいないが、それ以外において、彼はいたって金銭報酬には無頓着なはず。

じつは金銭報酬というご褒美《ほうび》は人間だけでなく、チンパンジーやオットセイにも適用される。ただし、人間と彼らとの決定的な違いがある。彼らは同じご褒美を与えるだけで、身につけた芸を忠実に繰り返し披露してくれるが、人間はそうではない。

人間は、いたってズルい動物。だから同じ金銭報酬を与えるだけでは、モチベーションはどんどん下がっていく。

ほんのわずかでも、たとえば月に100円アップしただけでも、モチベーションレベルは維持される。もちろん月に1000円アップしたら、モチベーションレベルが10倍になるかというと、そうではない。上げる金額はそれほど問題ではない。

とにかくほんのわずかでもいいから、金銭報酬を上げてやる。これこそ、人間のモチベーションを維持させる特効薬となる。

つまり経営者にとっては、とてもコストのかかるやっかいな報酬であるが、即効性の点では、他のモチベーターとは比べものにならないほど強烈なモチベーターになり得る。

金銭報酬という外発的モチベーターは、捉え方ひとつでまちがいなく私たちのモチベーションを上げることができるようになる。

3 リーダーは部下に「裁量報酬」を与えよ

さて、ふたつ目の代表的な外発的モチベーターが「肩書報酬」。しかし最近のアンケート結果では、とくに若い世代ほど、この報酬にあまり魅力を感じていないという事実が判明している。20世紀には幅を利かせたはずの肩書報酬は、もはやあまり魅力的ではない報酬に成り下がってしまっている。

金銭報酬を無視して、肩書だけを与えることをモチベーションアップのひとつの手段にしている事例がマスメディアを賑わせているが、この効果はほとんどないと考えたほうがいい。

もちろん、肩書報酬も金銭報酬と同じく、本人はほとんどコントロールできないもの。もはや肩書を与えただけで、メンバーが動いてくれる時代は終焉を迎えている。

三つ目の代表的な外発的モチベーターが、本人の判断によって処理できる「裁量報酬」。金銭報酬や肩書報酬と違って、裁量報酬は、唯一自らコントロールできるモチベーター。つまり、すべてのビジネスパーソンにとって、裁量報酬こそ、最強の外発的モチベーターであるべきである。

もっと言えば、仕事のプロであるならば、この報酬をなんとしても自分でコントロールしなければならない。たとえ上司を説得してでも、この報酬を獲得する。これこそプロとして、自ら主張して保持しなければならないモチベーター。

そして、この裁量報酬を目一杯仕事で行使することにより、モチベーションレベルは自然に高まり、本来私たちがコントロールできないはずの金銭報酬や肩書報酬にも好ましい影響を与えてくれるはず。

あなたがリーダーで、メンバー（部下）のモチベーションを上げたいと思うなら、潔く裁量報酬を目一杯メンバーに与えてやること。仕事のプロと言える有能な人間ほど、この報酬を欲しがっている。

リーダーが裁量報酬をそれぞれのメンバーに与えることにより、彼らは自発的にモチベーションを上げて仕事に没頭してくれる。つまりリーダーが居眠りをしていても、チームの成果は上がる。

いっぽうでリーダーがすべて指示してチームが動くシステムでは、メンバーのモチベーションはいっこうに上がらない。

じつは日本のプロ野球では、相変わらずこのシステムが機能している。監督が選手のプレーに対する裁量権を原則として有している。とくにゲームの後半の大事な場面で、監督はサインを出して選手のプレーを支配する。

いっぽうメジャーリーグでは、基本的にプレーする決定権はプレーヤー本人にあるというルールが貫かれている。だからよほどのことがない限り、とくにゲームの序盤戦では、監督はプレーに関するサインを出さない。

うまくいっているときはリーダーがメンバーに指示しても、問題は発生しない。問題はうまくいかなかったとき。そのとき、うまくいかなかった原因はプレーヤーにあるのではなく、それを指示したリーダーにあるはず。なのに、往々にしてその責任の所在はうやむやになってしまう。これではメンバーのモチベーションが上がるはずがない。

メジャーリーグでは、どんな場合でもすべてのプレーの責任はプレーヤー本人が負わねばならない、という暗黙のルールがあるから、プレッシャーがかかるのは監督ではなく、プレーヤーのほうである。

もしもゲームの勝敗を左右する大事な場面で、三振を喫《きっ》してチームを敗北に導いたとき、そのプレーヤーは即刻マイナー行きの運命にある。

しかも、その宣告はそのゲーム直後に行なわれ、そのプレーヤーはすごすごと夜行バスで翌日行なわれるマイナーゲームの会場まで移動しなければならない。

いっぽう、チームメイトだったメジャーリーガーたちは、ファーストクラス並の待遇の専用機で全米を飛び回ることができる。あらかじめ待遇がまったく違う状況を作っておき、リーダーはメンバーに裁量権を目一杯与えて全力を尽くさせる。

そういうシステムがメンバーのモチベーションを上げる絶大な効果をもたらしてくれることを彼らは知っている。メンバーのモチベーションを上げたかったら、少々の失敗には目をつぶって、裁量権を目一杯与えてやろう。

そういうシステムを構築することにより、あなたの率いるチームはどんどん上昇して、着実に成果を上げていくことができる。

4 仕事における「裁量」と「目標」を組み合わせる

前にも少し触れたが、仕事における逆境をものともしないためには、なんとしても目の前の仕事の裁量権を獲得しなければならない。たとえ、上司との意見が食い違っても、けっして譲歩してはいけない。イチローが無責任なコーチの指導をきっぱり断ったように（121ページ）、**あなたの仕事の裁量を上司に委《ゆだ》ねてはいけない。**

野球だけでなく、仕事においても、プレーの裁量権をすべてプレーヤーに委ねる。それが彼らの仕事への執着力を高めて、逆境を跳ね返してくれる。

「これは自分の仕事だ。だからなんとしても成功させなくては……」という気持ちを持つためには、自分の仕事の責任はすべて自分にあるという気概で仕事に取り組まねばならない。

もちろん与えられた仕事の裁量権を行使するだけでなく、メンバー相互とのコミュニケーションを頻繁に取ることも忘れてはならない。

第2回WBCで、イチローがチームワークをことさら強調したように、自分の仕事の裁量権を行使しながら、他のメンバーとのコミュニケーションを取るシステムをしっかり構築することにより、仕事はもっとしやすくなる。

それだけでなく、「この仕事は自分に任されている仕事」という責任感をしっかり自覚することにより、自然にモチベーションが上がり、逆境下においても生き生きと仕事に打ち込むことができるようになる。

もちろん、仕事の裁量権を目一杯行使するだけでなく、自分の仕事における記録への挑戦(目標)を設定することにより、なおいっそうモチベーションが上がる。

たとえば、営業部門のメンバーであれば、基本的に顧客を回った回数、集客人数、新規開拓の実績数など、会社の業績に貢献する可能性が高い数値目標を自然と掲げる傾向があるが、間接部門の場合、「メンバーからの要望を断った回数」とか「残業をした回数」など、的外れの目標を掲げている場合があるので注意が必要である。

あくまでも、会社に何かしら貢献するような目標を掲げなくては、どれだけ記録を更新しても意味がない。つまり、それぞれの部門であらかじめ何かの目標を掲げておいて、その中で個人個人に、自分の記録を更新してもらうというほうが、より現実的なのである。

「自分の仕事の裁量権」と「記録への挑戦」がセットになったとき、その仕事に対するモチベーションは最高潮になるというのは、知っておいてよい。

だから、それぞれの組織の実情に合わせながらも、意図して、この「自分の仕事の裁量権」と「記録への挑戦」の組み合わせを考慮しながら、仕事を進めていくことが肝要なのである。

人間は誰でも「おもしろい」と思える仕事には夢中になれる。当然、その仕事の質は高まるし、業績への貢献度も高まる。

あえて意識的に、自分にとって夢中になってやっていた仕事は何だったかを考える習慣を身につけて、その感覚を思い起こすことがモチベーションを上げる大きなカギとなる。

つまり、「知らず知らず夢中になっていた仕事」の「夢中になれた要素」に敏感になることが、仕事にのめり込む大きなヒントになる。

逆境を跳ね返して仕事を通して成果を出すためには、なんとしても目の前の仕事をおもしろくする工夫を真剣に考えよう。そうすればもっと仕事が楽しくなり、逆境を跳ね返して、仕事を通して成果を出すことができるようになる。

5 「自己実現欲」は最高のモチベーター

２００４年、ジョージ・シスラーのシーズン通算２５７安打の記録を抜いたあとに、これからの目標は何かと聞かれたとき、イチローはこう語っている。

「野球がうまくなりたいですよね、まだ。そういう実感が持てたらうれしいですね。それは数字には表われづらいところですけど、これはもう僕だけの楽しみというか、僕が得る感覚ですから。ただ、そうやって前に進む気持ちがあるんであれば、楽しみはいくらでもありますから。ベストに少しでも近づきたいですね」

何もかも手に入れてしまったはずのイチローが、あいかわらず高いモチベーションレベルを維持しているのは、まさに「もっとすごい自分を見たい」という究極の内発的モチベーターを保持しているからである。
タイガー・ウッズにしても、すでに一生かけても遣い切れないほどの富を稼ぎ出している。しかし彼は、あいかわらずゴルフに情熱を燃やし続けて、貪欲《どんよく》にトーナメント優勝を積み重ねている。彼はあるとき、インタビューで次のように語っている。

「僕は、いつもトーナメントで一番になることしか考えていません。多くのすばらしい才能を持ったライバルの中の一番になることは、何度経験しても飽きることはありません。エントリーするあらゆるトーナメントで一番になること。これが、僕のゴルフにおける最大の目標なのです」

頂点に達しても、けっしてそれに満足することなく挑戦をし続けるウッズのエネルギーの源こそ、この心の底から自然に湧き上がってくる「最高の自分を見たい」という自己実現の欲求なのである。
超一流の選手と、並の選手との決定的な差は、じつはここに凝縮されるのだ。そこそこの成績を残しただけでそれに満足してしまうために、いつのまにか私たちの前から消えていく選手がなんと多いことだろう。

あるいは、一時的な運の良さによって大金を手にしてしまったアスリートがアッという間に消えてしまうのは、そこで満足してしまい、もはやそれ以降の目的を見失い、努力をやめてしまうからである。つまり、正しい自己実現の欲求を形成することのできなかったことが、これらの選手たちの限界だったのである。

そういう意味で言えば、**若くして大成功した人間は必ずしも幸福ではない。挫折を味わいながら、あるいは遠回りしながら着実に一歩一歩人生を進歩させていくほうが、人生にとって充実感を味わえる。**

シスラーのシーズン安打記録に挑戦しているときに、その強烈なプレッシャーについて、イチローはこう語っている。

「ドキドキする感じとか、ワクワクする感じとか、プレッシャーのかかる感じというのはたまらないですね、僕にとって。これが、勝負の世界にいる者の醍醐味ですからね」

自分の存在感を強烈に感じられる瞬間を体験することは、人生における人間が享受できる最高レベルの快感である。

だから、プレッシャーのかからない仕事などおもしろくもないし、努力することなく簡単に実現してしまう夢もあまり魅力が感じられない。

人間が快感を追求する動物である以上、ピンチにおけるドキドキ感やワクワク感を快感にしてしまおう。そのうえで機会を見つけて、できるだけそれを頻繁に味わおう。

「食欲」や「物欲」と同じように、**逆境を跳ね返してすごい自分に出会いたいという「自己実現欲」こそ、人間が獲得できる最高レベルのモチベーターなのである。**

6 「プチ達成感」を得るテクニック

私が「プチ達成感プロジェクト」と呼んでいる具体策をご紹介しよう。ちょっとしたピンチを乗り越えることにより、達成感が得られて、その結果自発的に仕事にどんどんのめり込んでいける。

やり方は簡単。**日々の仕事の中で自分が課した小さなタスク（職務）を策定し、それを実際の行動でやり遂げることにより、小さな達成感を頻繁に味わえばいい。**

このようなプチ達成感を味わうためには、何事に対しても、コツコツと継続してこなしていく習慣を身につけなければならない。そのためには、「とにかく決断したらすぐに取りかかる」こと。

何か始めるにしてもグズグズしてなかなか取りかからない、ついつい先延ばしにしてしまう、といった悪い癖があると、行動力はなかなか身につかない。すぐに取りかかる、という癖を身につけるには、自分に制限時間つきの指示を出せばいい。

「10分以内に」、「これからスグに」、「今日中に完成する」といった、反射的に行動できるメッセージを発信して即行動に結びつけよう。

もちろん、全社的にオリジナルの「プチ達成感プロジェクト」を策定して実施するだけで、企業業績アップの原動力になることは言うまでもない。それだけでなく、メンバーのやる気を高めて社内のムードの改善にも役立つはず。

そしてもうひとつ、やるべきことを確実にこなしてもらうために、「ひとつずつ、ていねいに、最後まで」というキーワード。

仕事ができない人に限って、あれもこれもと手を広げて、気がつくと全部が中途半端な状態になってしまって、どれも満足に完了していないことが多い。

そのためにも、チーム内に「ひとつずつ、ていねいに、最後まで」を合言葉に、仕事をやりかけで終わらせない習慣作りを徹底させること。そして、以下のルールを遵守《じゅんしゅ》すること。

①「やるべきことをすべて書き出す」
②「やるべきことに優先順位をつける」
③「順番どおりにひとつずつ終わらせる」
④「終わったら、斜線を引いてひとつずつ消し去っていく」

そういう習慣を日々実行すれば、少々の逆境なんて簡単に克服することができる。同時にこうした積み重ねを通じて、自然とメンバーは達成感が体験でき、個々のモチベーションを自然に上げることができる。

もうひとつの具体策として、「自分の記録にチャレンジするしくみ」を社内に作ればよい。営業であれば、「月間セールス記録」に、部単位や個人単位でチャレンジするしくみを作ってみよう。

製造部門であれば、時間当たりの製造個数やミスゼロ記録への挑戦等を競えばいい。そして、研究部門であれば、テスト実施回数や製品化ランキング等を掲げて、メンバーのモチベーションを上げてみよう。

このように、どのような部署や部門であっても、工夫次第で自分の記録に挑戦するしくみを作り出すことができる。

もちろん、すでに多くの企業でこのようなしくみが存在するとは思うのだが、よりきめ細かい、しかも魅力的な記録目標を策定して、本気でメンバーが仕事に打ち込めるしくみ作りの改善に努めよう。

そうすることにより、黙っていてもあなたのチームはどんどん上昇していける。プチ達成感に加えて、自分の業務を完了させたあと、自分自身に対して小さなご褒美を与えるルールを作れば、驚くほどモチベーションが上がるようになる。

たとえば、仕事が一段落したなら、自分の仕事の成果に応じて、欲しかったゲームソフトを購入したり、週末に家族ぐるみの小旅行を実現してみよう。

そういうちょっとした工夫が案外、モチベーションアップに効果をもたらしてくれる。

ゲーム感覚で、小さなご褒美を自分に与えるテクニックは無視できない。

もちろんこのとき、時間短縮においてもポイントを与えるべきである。「2時間かかる仕事を1時間30分でできたら、3ポイント」とか「会議資料のコピーを20分かかるところを15分で仕上げたら、1ポイント」というふうに自分でポイントを決めて、それぞれのポイントに応じたご褒美を自分に与えてやることにより、たちまちやる気がみなぎるようになる。

実際にオリジナルのポイントカードを作成して、10ポイントごとにご褒美を決めておこう。ポイントを貯めていき、お目当てのご褒美を自分にしてやる。そういうしくみを仕事の中に構築するだけで、案外簡単にモチベーションは上がるようになる。

7 最高の自分に巡り会うために

なぜイチローは逆境にあってもモチベーションが下がらないのか?

それは、ピンチになればなるほどモチベーションが上がる「自己実現の欲求」という強烈な、しかもおそらく人生を通じて不動のミッションを心の中に抱いているから。

それこそ、著名な心理学者マズローが示した「五段階欲求説」の中の最上位に位置する欲求である。

マズローは五段階欲求説を唱え、それらは「生命の欲求」、「安全の欲求」、「親和・帰属の欲求」、「自尊心の欲求」、そして「自己実現の欲求」であると定義した。

まず一番基本的な欲求が、「生命の欲求」と「安全の欲求」。日本ではあたりまえに保証されたこの欲求も、アフリカなどの発展途上国ではいまだに満たされてはいない。

そしてそれらの人間にとって基本的な欲求が満たされると、社会的な人間関係を深める「親和・帰属の欲求」や、高い地位や莫大な報酬を手に入れる「自尊心の欲求」を満たすことに努める。それら四つの欲求が満たされると、私たちは最高レベルの「自己実現の欲求」を求めるようになる。

この「自己実現の欲求」が他の階層の欲求と決定的に違う点は、この欲求には際限がないということ。

「生きているうちに最高の自分に巡り会いたい」という欲望は、おそらく究極の自己実現の欲求であろう。

イチローだけでなく、北京オリンピックで金メダルを獲得した競泳の北島康介選手、あるいはソフトボールの上野由岐子《うえのゆきこ》選手といった日本のスポーツ界をリードする偉大なアスリートたちが発した言葉から読み取れる共通点は、この「最高の自分に巡り会いたい」という強い欲求にある。上野選手はあるとき、こう語っている。

「人に負けてもいい。しかし、やるべきことをやらない自分の弱さには絶対負けたくない。強い自分を作っていきたい」

もちろん誰でも程度の差こそあれ、この欲求を持っている。しかし、偉大なアスリートは、「その欲求の程度が他の選手と比べて桁外《けたはず》れに強い」ということ。

仕事上で「最高の自分に巡り会いたい」という究極の自己実現の欲求が、潜在能力を開花させるだけでなく、逆境をものともしない強靭《きょうじん》な精神力を形成してくれる。

たとえば、1996年にオリックス・ブルーウェーブが日本一になったとき、イチローはインタビューで次のように答えている。

「日本一を手に入れて、これでもうやることはないだろうと言われましたが、そんなことはないんですよ。僕らの優勝に限っては、まだまだ強くなるためには足りないものばかりだったから。やることのほうが増えてしまった感じです」

現状に満足せず、たとえ良い出来事が訪れても、その中に不完全さを見出して、より進化していこうとするイチローの意欲がこの言葉から読みとれる。

高い志を持って、たとえそこに到達できなくても、そこに一歩でも近づこうとする自己実現の欲求こそ、人生の最強のモチベーターでなければならない。

あなたにとっての究極の理想像を今すぐイメージしてみよう。

これこそ、自己実現の欲求そのものであり、それを追い求めることにより、あなたはモチベーションを最高レベルに引き上げることができる。それだけでなく、どんな逆境も跳ねのけてすごい成果を上げることができるようになる。

［第４章］

イチロー式「目標設定術」

1 夢は数字化することでかなう

こと野球に関して、イチローは欲しいものをほとんどすべて手に入れてきた。なぜ彼が自分の欲しいものを次々に獲得することができたのか？　それはまさしく逆境における行動パターンが並の人間と決定的に違っていたためである。

多くの人々が、ピンチを乗り越えてこそ、はじめて欲しいものが手に入るという事実に気づいていない。

だからちょっとした逆境に見舞われただけで、目の前に欲しいものがあるにもかかわらず、それが見えない。だから、簡単に手に入る直前でそこから退散してしまう。もっと勇気を出して、逆境の中で格闘することを楽しもう。あなたが本当に欲しいものは、そんなに簡単に手に入れることなどできない。だから欲しいものを手に入れるには、手に入るまでけっしてあきらめないこと。

もちろん、それは宝くじで1億円を当てることとは、はっきりと区別しなければならない。いくら1億円を当てたいと考えても、それがあなたのコントロールの範疇にないものである以上、確実に手に入れることはまったく不可能。

欲しいものには、必ず期限と目標の数字を入れること。

たとえば、欲しい金額は10万円なのか、100万円なのか。あるいは1000万円なのか。そして、それをいつまでに手に入れたいのか。それを数字で表わせば、自然にモチベーションが上がる。

「いつか手に入れる」とか、「いずれ手に入る」といったメッセージを徹底的に排除して、具体的な期限という数字を入れて、その実現を目指してベストを尽くそう。

あるいは、なりたい自分をイメージするとき、まちがっても、「いつか成功したい」とか「いずれ有名になれる」といったメッセージをつぶやいてはならない。

なぜならそんなメッセージは、ただ夢を描くだけで満足している人間の吐く典型的なセリフだからである。

人生はあなたが考えているほど長くない。それはアッと言うまに終わってしまう。臨終の床で「あのとき、あれをやっておけばよかった」とつぶやいても、もはやあとの祭り。もっと切実感を持って、どうしても手に入れたいものを欲しい期限を設定して数字で表わそう。それが、あなたにすごいプレゼントをしてくれる。

2 積極的な失敗は成長のエネルギー源

イチローは、失敗をエネルギーに変える天才である。

2000年の日本プロ野球最後のシーズンに、彼は強烈に4割を意識する。その前年の1999年も、ストライクの70％を捉えてヒットにしようと意気込んで4割を目指した。しかし、肩に力が入って打ち損じが生じ、打率3割4分3厘に終わる。

そこで、イチローは考え方を変える。同じ4割を目指すにしても、10回のうち4回成功しなければ、というのではなく、10回のうち6回失敗が許される。これが打者に与えられたアドバンテージだと考えてみよう、と。そう考えてから、肩の力が抜けて安打を量産できるようになったという。その結果、一時的にではあるが、8月5日の対西武ライオンズ（当時）戦で、325打数130安打という、夢の4割ちょうどを達成する。

失敗こそ成長するためのエネルギーであるはずなのに、「失敗は罪悪」という方程式が日本の社会にはいまだに根づいている。

「ヘマをするな」。小さい頃から私たちは、この言葉を何度聞かされてきただろう。日本の社会には、子どもから大人まで失敗を許さない風潮が蔓延《まんえん》している。あるいは、きわだって成功しなくてもいい。「そこそこの成果さえ上げておけば及第点」という意識が日本人の心のどこかに存在する。

いっぽう、アメリカでは、目立たない成果を上げてもなかなか評価してくれない。逆に積極的な失敗には、とても寛容な国である。日本のプロ野球では、チャンスに凡打してすごすごと引き揚げてくる選手に向かって、監督が怒鳴っている。

「こんなチャンスに打てないようでは、まだまだだな。もう一度、二軍で調整するか」

あくまでも失敗を嫌う思考メカニズムである。いっぽう、同じ状況でのメジャーリーグの監督の発言はこうなるだろう。

「やられたら、今度やりかえせばいいんだ」

長所を封じ込めて、短所を暴き出すのも日本社会の得意技である。その結果、「敗北のメッセージ」が日本人の頭の中に充満する。

たとえば、「野球をやるには、足が遅すぎる」「プロ野球選手になるには、体が小さすぎる」「一人前の選手としてはパワーがなさすぎる」などは、その典型例である。

小さい頃から、親や監督にこのようなメッセージを数限りなく浴びせられることにより、「やっぱり僕はプロ野球選手になれない」と、多くの人間が努力する前に白旗を揚げてしまうのである。

そうではなく、**失敗こそ成長のためのエネルギー源であると信じて、失敗を恐れないで果敢に行動に移せば、どんどん成長していけるようになる。**

3 「3日連続」というノルマを課す

イチローは、小学校3年から6年までの丸4年間、伊勢山グラウンドで、父と子のマンツーマンの練習を来る日も来る日も毎日、着実にこなしたという。

午後3時半にイチローが学校から帰ってくるのを待って、練習は開始された。だから、当時、父の宣之《のぶゆき》さんは自分のことを「午後3時半の男」と呼んでいた。かつて、読売ジャイアンツに「午後8時半の男」と呼ばれた名リリーフ宮田征典《みやたゆきのり》投手をもじって、自分でつけたニックネームである。

まず、軽いキャッチボールから始めて、次に50球前後のピッチング。その後、約200球のティーバッティングが続く。最後に、それぞれ50球ずつの内野ノックと外野ノック。そのメニューは、ほとんど変わらなかったという。

それに加えて、夜は自宅近くの「空港バッティングセンター」でのマシン相手の200～250球のバッティングが待っていた。当時のイチローが、その日課についてどのような感想を持っていたかは今となっては知る由《よし》もないが、少なくとも表面的には「お父さん、今日は休もうよ」と言ったことは一度もなかったという。

シドニー・オリンピック女子マラソンの金メダリスト高橋尚子《たかはしなおこ》さんは、現役時代、毎日30キロ走るのを日課にしていたという。趣味で走っている人たちは、「とんでもない日課だ」と驚く。しかし、本人に言わせれば、それを習慣化させて毎日の日課に組み込んでいるわけだから、まったく苦痛にはならない。

むしろ、体調が悪かったり、ケガをしたりして30キロを走れないときのほうが、本人には苦痛なのである。

ノルマが苦痛にならないようになるまでには、それなりのエネルギーを要する。一番たいへんなのは、ノルマを自分に課してから、それがなんの苦もなく日課に組み込まれるまでの期間である。それは、たとえば飛行機の離陸のときに似ている。つまり、地上にある物体を大空に引き上げて、水平飛行するまでに、大きなエネルギーが必要なのである。

「三日坊主」という言葉がある。この言葉は、始めてから3日で自分に課したノルマをやめてしまう飽きっぽい性格の人間をうまく表現している。

しかし、3日連続して続けることができた習慣は、ずっと続く可能性がある。

あなたは、中学・高校の授業で習った「慣性《かんせい》の法則」という物理の法則を知っているだろう。止まっている物体は、外力を加えない限り止まり続け、高速で動いている物体も外力を加えない限りそのままの速度で動き続ける。この性質を「慣性」と呼ぶ。

人間の習慣もこれとまったく同じこと。つまり、行動しない人は止まっていることが快適であり、行動し続ける人はそれを維持することが快適なのである。

ノルマを設定したら、とにかく何も考えないで、3日間それを達成させることに努めてみよう。まず、3日間なんとかやり遂げてみる。4日目に休みたくなったら、1日休めばよい。

ただし、5日目からまた「三日坊主になってもいいや」という気持ちでいいから再開する。そうすれば、あなたは目標にしたノルマを案外簡単に日課に組み込める自分に気づくようになる。

4 逆境時は、あえてエゴイストになってみる

「エゴイスト」という言葉がある。日本では利己主義と訳されあまり良い響きはない。しかし、欧米では**「エゴイスト」とは、自分の個性を伸ばすことに全力を尽くす、置き換えの利かない人間のことを言う。**

イチローは子どもの頃から、いい意味で「エゴイスト」だった。たとえば、他人から「これをやりなさい」と言われたことに対しては、自分で納得できなかったら、絶対に行動に移さなかったという。

つまり彼はものすごく頑固で、自分のスタイルを絶対に崩されたくないという主張を小さい頃から持っていた。

もちろんプロ野球選手になっても、イチローは自分のスタイルを貫き通すことを最優先

した。プロに入って最初のシーズンである1992年の7月に一軍に呼ばれたときにも、「ちょっと早すぎるから、僕はまだ二軍でいいです」と言って、自ら一軍に上がることをいったん断っている。それでも「いいから行け」と二軍コーチに諭《さと》されて、しぶしぶ博多にいるチームに合流したこともある。

2年目のシーズンは、もっとみじめであった。開幕最初の2試合こそ先発で出場するが、その後はときどき代打と代走に起用されるだけで、屈辱の日々が続くことになる。

しかも、当時のバッティングコーチがイチローにこうささやいたという。

「これが最後のチャンスだ。オレの言うことを聞くんであれば、教えてやる。聞かないんであれば、勝手に自分でやれ」

イチローはきっぱり「聞きません」と宣言して、次の日から二軍に落ちることになる。あくまでも打撃フォームの改造を拒否するイチローなりの主張である。

そして7月5日、前日のナゴヤ球場での近鉄バファローズ（当時）戦を最後に、この年二度目の二軍落ちを宣告され、フォームの徹底的な改造を要求されることになる。その日から、河村健一郎《かわむらけんいちろう》二軍打撃コーチとの二人三脚の長い、しかもつらい夏が始まった。

しかし、人生とはわからないものである。皮肉にも、これがイチローの大きな飛躍のきっかけとなる。いわゆる「振り子打法」の確立である。

絶えまない試行錯誤の末に、「振り子打法」がいちおう完成を見たのは、練習を始めてから１カ月後の１９９３年８月だったとイチロー自身が語っている。

このことによりイチローは、プロとしてのスタイルを完成させ、偉大なるバッターへの扉をついにこじ開けたのである。

あえて「エゴイスト」になって、仕事において自分の主張を貫こう。そうすればどんな逆境も味方に変えて、やがてあなたに成功が訪れる。

5 目標は最小単位に区切る

モチベーションを上げるために不可欠な要素である、「目標設定の基礎理論」について簡単に述べてみよう。組織の中でまちがった目標設定をしたチームは、そこに所属するメンバーのモチベーションが上がらないだけでなく、ときには、手抜きが発生してしまう。もちろん、このチームは成果を上げることなどできない。

まず目標設定をする前に、そのゴールを明確にする。

たとえば泳ぎを洗練させるというゴールを実現する前に、まず「なんのために泳ぐのか?」という目的をしっかりと理解すること。

オリンピックで優勝するために、できるだけ速くしかも直線的に泳ぐことをゴールと設定するのか。あるいは海中で魚を獲《と》るために、どんな方向にでも自由自在に泳ぐ技を身につけたいのか。

設定するゴールによって、泳ぎ方はおのずから変わってくるのである。

つまり、登山をするときにも、どの山に登りたいかを登る前にじっくり考え抜かねばならない。それをせずに、ある山の八合目まで登ってしまってから、登る山はこの山ではなかったと後悔しても、もはや手遅れなのである。

まず自分が実現したい行動の目的に照準を合わせて、ゴールを明確にする。そのうえで、そのゴールを実現するためにしっかりとした目標設定をすればよい。

つまり、ゴールに到達するための一里塚としての役割を果たすのが、目標設定の大きな目的なのである。

私がアメリカのオリンピック委員会のスポーツ科学部門の本部で客員研究員を務めていたとき、目標設定の理論をイヤというほど上司からたたき込まれたことが、とくに印象に残っている。もう25年以上前の話だが、その考え方の基本はすべて現在でも立派に通用するのである。

まず目標設定のもっとも基本的なことなのであるが、目標には必ず数字が入っていなければならない。

たとえば、ヨットのコーチが「もっと強く綱を引っ張れ」といくらハッパをかけても、選手は強く綱を引くことはできない。しかし、「あと10秒だけ全力で引っ張れ」と声をかければ、選手は思いきり綱を引っ張ることができる。

10秒という短い具体的な数字を入れるだけで、選手は本気になれる。同じ数字でも、「3分間がんばれ」となると、選手は綱を強く引っ張ることなど、とうていできない。

この事実が小さい目標をコツコツ積み重ねることの大切さを教えてくれる。つまり目標というものは、小刻みに区切ればクリアしやすくなるのだ。

小学生のときから毎日、すごい量の練習をしていたイチローだが、じつは父・宣之さんの巧みな「工夫」が功を奏した、と私は考えている。

宣之さんはイチローが練習に飽きないように、当時さまざまな工夫を凝らしていた。たとえば、バッティングセンターで「ボール球は絶対打つな！ 1ゲーム25球の全部がボールでもかまわん。振るな」とイチローに指示している。

普通なら、お金を払ってバッティングセンターに行っているわけだから、球がもったいないと考えて、全部打ってしまうところである。しかし、あえてボール球を見送ることにより、選球眼を養わせたのである。それだけでなく、ボール球を振ってフォームが崩れることも防止できたのである。

そしてバッティングセンターの1ゲーム25球という単位を活かして、「もう1ゲーム、もう25球!」と繰り返しているうちに、イチローは知らないうちに毎日250球も打っていたという。

25球単位でゲームをするという工夫が、5ゲーム、7ゲーム、そして10ゲームと興味を持たせながら練習を持続させることに役立ったのである。

目標を最小単位に区切るテクニックが、興味や集中を持続させる秘訣である。

もしも、宣之さんが、「今日は250球打つまで帰らないぞ」と指示したら、おそらくイチローの練習は長続きしなかっただろう。

健康のためのウォーキングでも、「毎月60キロ歩く」という目標では気が重くなってしまう。しかし、毎日2キロメートルと小さく区切れば、断然やる気が出てくる。

あるいはダイエットも、月に6キロではなく1日200グラムという目標を設定すれば、三日坊主になることもなく持続できる。

もう一度繰り返そう。小さい目標達成の積み重ねで、より大きな目標に挑める気持ちが湧き上がってくる。人間という生きものは、小さい目標をクリアする習慣を脳に刻み込むことにより、それを習慣化できるように作られている。そして、その習慣が結果的に偉大な仕事をさせてくれる。

目標設定に関して、日本と欧米ではその捉え方が少し違う。日本ではどうしても「目標達成」を最大の目的にする傾向がある。いっぽう、欧米では「目標達成」はあまり議論の対象にならない。

目標設定の最大の目的は目標達成ではなく、「メンバーのモチベーションを最高レベルに引き上げる」こと。そのことが欧米のビジネス界ではあたりまえになっている。

つまり、目標のバーを下げさえすれば簡単に目標は達成できるし、メンバーの仕事にかける物理的時間さえ増加させれば、とくに新しいアイデアを持ち込まなくても、その目標は達成できる。しかし、そんな目標はたいした目標ではない。こうした考え方が欧米のビジネス界に浸透している。

それでは、メンバーのモチベーションを最高レベルに引き上げる最適な目標設定水準はどのようなものだろう。これは私たちにとって、とても興味のあるテーマである。

6 「達成確率60％」の目標を設定する

「マクルランド理論」という目標達成水準に関する、ある心理学上有名な実験データがある。それを簡単にご説明しよう。ハーバード大学のデビッド・マクルランド博士が、輪投げの実験により打ち立てた理論である。

実験は、ハーバードの学生をいくつかのグループに分けて輪投げをさせた。ただし、ルールをひとつ設けた。的《まと》までの距離はグループ内で話し合って自由に決めていい、というルールである。そして彼らに5回の試技をさせた。

もっとも真剣に輪投げに取り組んだグループは、どういうグループだったのか。それは、5回の試技のうち3回的に入るような距離に置いたグループだった。

達成確率60％のグループが、もっとも真剣に取り組んだという事実が判明した。

マクルランド博士は、輪投げ以外にもさまざまなゲームを試みた。そのつど学生もすべて入れ替えた。その結果、すべての実験において、達成確率50〜70%の範囲内に置いたグループのモチベーションが一番高かったのである。

人間というのは、達成確率が五分五分よりもちょっと上ぐらいに設定すると、本気で仕事に取り組むのである。

たとえば達成確率90%のたやすい目標設定では、必ずメンバーの誰かが手抜きをしてしまう。「自分ががんばらなくても、ほかの連中ががんばってくれれば、そんな目標などすぐに達成できる」と、このとき全員が考えている。

逆に達成確率が10〜20%の困難な目標では、メンバー全員が最初から「この目標は達成不可能」と決めつけてしまい、やはり手抜きをしてしまう。

また、日本のリーダーは「目標の数字をコロコロ変えるな」とメンバーに強調する。しかし、欧米では1週間単位で目標の数字をどんどん置き換えていく。なぜならプロジェクトはどんどん進歩していくわけであるから、それに従って同じ達成確率を維持させるためには、バーの高さをどんどん上げ続けなければならないと彼らは考えるからだ。

メンバーのモチベーションを最高にする目標設定、そのためには目標の達成確率60%を維持させる。この数字をぜひ覚えておいていただきたい。

もう一度繰り返そう。目標設定の最大の目的は、それを達成することではない。もちろん目標が達成できればすばらしいことであるが、そのことよりもメンバーのモチベーションを上げて、高いレベルの目標に向かって努力をし続ける効果のほうが、もっと重要なのである。

7 一生追い求めるミッションを持とう

イチローが偉大なメジャーリーガーになれたのは、逆境をものともしないミッションをいつも心に宿して夢を追い求めたから。人生を通して追いかけることのできるミッションがあるから、イチローは数々のピンチを見事に乗り越えてきた。

ミッションこそ、その人間の行動パターンを根本的に変えてしまう大きな要素となる。もっと言えば、**ミッションの有無で、その人間の運命はまったく変わったものになる。**

ミッションとは通常「使命」と訳されるが、私はもう少し踏み込んで「個人の全人生にかかわる強烈な情念であり、終生追い求め続けるもの」と定義している。

イチローは小学6年のときに「夢」という作文を書いている。その一部を紹介しよう。

「ぼくの夢は一流のプロ野球選手になることです。

そのためには、中学、高校で全国大会へ出て、活躍しなければなりません。活躍できるようになるには、練習が必要です。ぼくは、その練習にはじしんがあります。ぼくは3歳のときから練習を始めています。3歳～7歳までは半年くらいやっていましたが、3年生のときから今までは365日中、360日ははげしい練習をやっています。だから1週間中、友達と遊べる時間は、5時間～6時間の間です。

そんなに、練習をやっているんだから、必ずプロ野球選手になれると思います」

この作文の中で「一流のプロ野球選手になりたい」と、はっきり決意していることに注目してほしい。なんと明快なミッションだろう。イチローの人生の努力のすべてが、このミッション実現のために費やされたと言える。

子どもの頃に心の中に芽生えた「プロ野球選手になる」というミッションを達成したイチローの現在のミッションは、たぶん「メジャーの歴史に残る偉大なメジャーリーガーになる」という言葉に凝縮されるだろう。

少し話は古くなるが、メジャー1年目のシーズンを終えたときの雑誌のインタビューで、冗談交じりではあるが、彼は次のようにコメントしている。

「50歳のシーズンを終えたときにね、こう言いたいんですよ。『まだまだ発展途上ですから』って」

物心ついた小学生のときから、自分の定めたミッションを追い求めたから、どんなピンチも、ものともせずにイチローは乗り越えることができた。それだけでなく、ミッションが仕事に情熱というエネルギーを吹き込んでくれたから、彼は偉大なメジャーリーガーになれたのだ。

この世の中は、ミッションを持って仕事に取り組んでベストを尽くせる人だけが成功するようにできている。

第5章

「積極思考」に徹する

1 逆境時こそ、失敗を恐れるな

どうやら、日本人は目立つことを恐れる国民のようである。それは、農耕民族の歴史と無縁ではない。お隣の農家と同じだけの収穫をして目立たないことが求められた時代背景が、日本人にそういう思考パターンを植えつけたことは否定できない。「出る杭《くい》は打たれる」という言葉は、横並びを尊ぶ日本社会によく似合う。

狩猟民族の欧米諸国は、とにかく「積極思考」である。たとえば、野球用語である「ストライク」という言葉は、まさに日米の思考パターンの違いを如実に示している。日本では、「ストライク」という言葉は、ピッチャーが投げるある領域のボールのことを指す。いっぽう、メジャーリーグで「ストライク」は、ボールをバットで「打つ」こと。つまりストライクの領域に飛んできたボールは、ともかくバットを振らねばならない。

日本のプロ野球では四球《フォアボール》を選んで塁に出ることを奨励されるが、メジャーリーグでは三振してもいいから、思いきりバットを振ることが求められる。

イチローに四球が少ないのは、あきらかにそれを嫌がるからである。そのことに関して、彼はこう語っている。

「バッターは四球を狙って打席に立つべきじゃないですよ。打席に立つからには、打たないと」

これは何もバッターに限ったことではない。ピッチャーがピンチの状況に追い込まれたときにも、日米の違いが如実に表われる。9回裏2アウト満塁。ここまで3対2でリードしているチームのピッチングコーチが、ピッチャーズマウンドに歩み寄る。このとき、ピッチャーに対するアドバイスも、日米ではあきらかに違う。

日本のプロ野球では、「ここで打たれたら逆転される。なんとしてもヒットだけは打たせるな！」と、コーチはピッチャーにアドバイスする。あくまでも失敗回避を強調するわけである。

いっぽう、メジャーリーグではどうだろう。

「打たれてもいいから、お前の一番得意なボールをキャッチャーのミットめがけて思いきり投げ込め！」と、積極性を重視するわけである。

スキーで上達したかったら、とにかく数多く転べばよい。転ぶことにより、正しいフォームが身につくのである。もしも、失敗回避を優先させて、転ばないような滑り方を覚えてしまったら、簡単にへっぴり腰のフォームが身についてしまう。

どんな逆境に陥っても、「消極思考」に陥ってはならない。むしろ逆境のときこそ、「積極思考」でピンチを切り抜けることに全力を尽くそう。

イチローのように、相手チームのピッチャーの投げたストライクのボールを逃さず必打する心構えが、あなたを一流に仕立ててくれる。

2 未来は100%自分で決定できる

私たちの過去は、もはや変えることなどできない。「覆水盆《ふくすい》に返らず」は含蓄のある格言であり、私たちの人生に大きな示唆を与えてくれる。しかし、未来なら変えることはできる。

イチローのすごいところは、過去を振り返らず、いつも未来を見据えていること。

このことに関して、彼はこう語っている。

「つねに、先のことを予測する習慣をつけることは、大事だと思います」

残念ながら、多くの人たちが未来のことにあまりにも無頓着であり、過去に起こった不幸な事実を嘆くことに、驚くほど多くの時間を費やしてしまっている。過去のことを悔やむのはやめて、未来志向に徹しよう。これこそ、逆境を跳ねのける大きな武器となる。
未来があるから、私たちは希望が持てる。だから、済んでしまった過去のことは潔く捨てて、未来志向に自分を変えていこう。たとえ困難な事態が予想されようとも、最善のプランを立てて、その困難を克服することに勇気を持って立ち向かおう。これこそ、人生の醍醐味なのである。

タイガー・ウッズのすごさは、これからやるべき目の前の仕事に没頭する能力。たとえ前のホールでボギーをたたこうと、あるいはすばらしいイーグルを取ろうと、そんなことはすべて即刻忘れ去って、これからやるべきことに意識を注ぐことができる。それが、彼を世界一のプロゴルファーに押し上げた。

潜在能力開発の第一人者であるコリン・ターナーは、自らの著書でこう語っている。

「成功とは、これまで自分がしたことのないことを実行することだ。他人がすでにしたこととの比較ではない」

現代社会はつねに効率化が叫ばれる。それはある意味で正しい。しかし、遠回りすることでしか得られないものも、また多い。だから近道だけを探すのではなく、ときには遠回りをしてみよう。他の人間が近道だけを探すことにやっきになっているとき、あえてあなたは遠回りをすることを選択すればよい。

あなたの未来の行動パターンは、すべて未知の領域。しかも、そのほとんど100%をあなた自身が決定することができる。つまり、あなたの目の前の仕事の行動責任者は、あなたのリーダーではなく、あなた自身である。

イチローがピッチャーの投げるボールに対してバットコントロールに関するプランを立てるように、ワクワクしながら未来の業務プランを立てることに意欲を注ごう。

あるいはタイガー・ウッズがこれから打つボールをさまざまな状況を想定しながらベストプランを立てるように、仕事上の複数の選択肢を考え出して、そこからベストチョイスをすることに生きがいを見出そう。

それが、あなたを逆境に強い、たくましい人間に育ててくれる。

3 「過失」と「失敗」の違い

失敗をエネルギーにして、イチローはのしあがってきた。

その象徴が、1999年のシーズンの当時西武ライオンズに在籍した松坂大輔投手との対決に見て取れる。5月16日、イチローは松坂との4回の対戦で最初の3回を連続三振に切って取られる。ヒットを狙った第4打席は四球。イチローの完敗である。

「完全に松坂君にやられました。だから、『次の登板はいつなんだ』と考えていました」

今度対戦したら、リベンジをしてやるとイチローは闘志をむきだしにした。本当の意味でのイチローのリベンジは、7月6日のグリーンスタジアム神戸で実現する。

しかし、ここでもイチローは最初の3打席を簡単に打ち取られる。ショートゴロ、セカンドゴロ、サードフライと、ボールがどうしても外野に飛ばない惨敗である。

しかし、その4打席目、イチローはバックスクリーンに大きなホームランを打つ。これが彼の記念すべきプロ通算100号ホームランであったのも、何かの因縁であろうか。

「ホームランは4打席目で打ったんですが、本当は誤算があった。じつは、3打席目をホームランにしようと思っていたんです。(中略)やっぱりちょっとずれちゃったんだな。打ち損じです。感覚としては完璧に持っていけるボールだった。4打席目で運良く同じようなボールが来てくれたんで、そのときにはイメージ通りに打てました」

失敗を次の打席に確実につなげるイチローらしいやり方である。じつは、イチローが1打席目でホームランを打つことは案外少ない。

前の打席でピッチャーのボールを分析して、「これならホームランを打てる」という結論が出たとき、次の打席で果敢にチャレンジすることがあるという。「狙わないと、僕はホームランは打てない」とまでイチローは言い切る。

日本語で表現すると、「過失」と「失敗」の違いはそれほど明白ではない。英訳すると

大きな過失はエラーで、小さな過失がミステイク。そして失敗はミステイクではなく、チャレンジである。

エラーやミステイクは絶対にしてはならない。野球で言うなら、たとえばバッターが三塁に走り出す行為がエラーである。

あるいは、バッターがヒットで一塁に出て、集中力を欠いてピッチャーに牽制球で刺されるのがミステイク。これもエラーほどではないが、褒《ほ》められたものではない。

いっぽう、バッターの打った右中間の長打コースのボールをライトのプレーヤーがダイビングキャッチを試みたものの後逸してしまったとき、これはエラーでもミステイクでもない。あきらかにチャレンジである。

最善を尽くして、それがうまくいかなくても、チャレンジは次に活かせる。当然「失敗をそのままにする人間」と、「うまくいかなかった原因をしっかり分析して次につなげる人間」とは、長期的に見るとあきらかな差となって表われる。

チャレンジを恐れると、気持ちがどんどん消極的になる。考えてみれば、成功と失敗は表裏一体のもの。すなわち成功の山が高ければ高いほど、失敗の谷はどんどん深くなる。大きな成功には大きな失敗の可能性があり、小さな成功には小さな失敗しか存在しない。

野球を観戦していると、その選手のリスクに対する考え方が見えてくる。消極的な外野手は、捕れるか捕れないかギリギリのフライを無難にワンバウンドでキャッチしてヒットにする習慣が染み付いている。

ノーバウンドでキャッチできたかもしれないが、失敗すると二塁打にしてしまうと考えて、ボールにダッシュしようとしない。このような消極的な姿勢では、とうてい一流のプレーヤーにはなれない。

いっぽう、イチローはどうだろう。難しい外野フライに対して、彼は迷わずダイビングキャッチを試み、アウトか、二塁打かに賭けることができる。

もちろん、単純に派手なパフォーマンスの是非は判断できない。状況によっては、守りの姿勢のほうが得策である場合もあるだろう。しかしわかっていることは、気持ちが積極的な選手と消極的な選手においては、長期的視野に立ったとき、その結果に大きな違いが発生するということ。

人生を成功に導きたかったら、あえてリスク覚悟で積極的な行動に出よう。リスクのないところに真の成功なんてあり得ない。このことを肝に銘じて、果敢にチャレンジを繰り返さなければならない。

失敗と成功が紙一重のところにある以上、失敗を恐れず果敢にそれに挑んでいく姿勢こそ、成功を勝ち取る手段なのである。

4 「逆境」をどう捉えるかで差がつく

著名な啓蒙家であったナポレオン・ヒルはこう語っている。

「すべての逆境には、それに相当する、またはそれ以上の益をもたらす種がある」

２００８年秋、アメリカのサブプライム問題に端を発した世界同時株安をきっかけに、日本は深刻な不況に覆われている。しかし、不況という逆境を嘆くだけでは何も解決しないし、事態も好転しない。

逆境を経験することにより、日本経済も、そして組織もそこに属する人間もたくましくなることだけはまちがいない。だから結果が悪くても、そこでガッカリしてはいけない。再びチャレンジするエネルギーを心の中に満たして、逆境をものともせず、果敢にチャレンジしていかねばならない。

同じ逆境に遭遇しても、最高レベルのモチベーションを維持して、その逆境に立ち向かう人がいる。いっぽうで、その逆境に直面しただけで逃げ腰になって、全力投球しない人たちがいる。

つまり人間を隔《へだ》てるのは逆境そのものではなく、それ以降の逆境への取り組み方や捉え方にある。

もちろん逆境の中でただ漫然と格闘するだけでは、たくましくなれない。そこから見事に脱出するためには、創造力や直観力が要求される。２００３年のシーズンを振り返ってイチローはこう語っている。

「野球でも、今回のように苦しいシーズンで、経験できなかったことをくぐり抜けると、もっと、野球を好きになりますよね。野球の魅力っていうのは、終わりがない。つねに新しいことが出てきます」

逆境の中で揉《も》まれながら、そこから飛躍のヒントをつかむ。修羅場をくぐらずして、私たちは偉大な才能を手に入れることはできない。

そのことをしっかりと自覚しながら、あえて勇気を出して逆境に立ち向かう度胸が私たちに試されるのである。

5 自分がコントロールできることに集中しよう

私がとくに感心するのは、イチローの「そのピッチャーの最高のボールをヒットにする」という思考パターンである。並のバッターはピッチャーの失投を期待する。彼らは、失投をひたすら待って、それをヒットに結びつけることに全力を尽くす。

しかしイチローはそうではなく、「ピッチャーの最高の球をヒットにする」ことに喜びを見出す。もちろん、ピッチャーの失投は逃さない。

困難を避けずに果敢にそれに挑んでいく。この心構えが人間を成長させてくれる。失敗から逃げる心構えで、たまたま良い結果が得られても、それはたんなる偶然に過ぎない。たまたま運が良かっただけ。ピンチになるとたちまちお手上げとなる。消極性が災いして臆病心がついてしまうから、ちょっとしたピンチにも耐えられなくなる。

この不況の時代にあって、人は安心を求めたり、平凡な人生を望むようになる。それはそれで、しかたのないことかもしれないが、残念ながら、それがその人間の限界を作ってしまう。

塁に出ることは大切だが、四球だけを期待して、バットを振らない打者が大成することはない。結局、バットを振らなければ何も得られない。

「たとえ空振りをしても、バットを振ることにより、何かが得られる」

このイチローの哲学をあなたの人生にも取り込もう。そうすれば、困難なことを見事に切り抜ける自分を発見できるようになる。

アメリカを代表する心理学者であるマーティン・セリグマン博士は、「楽観や悲観とは、成功や失敗を自分自身がどう解釈するかにある」と述べている。

悲観主義者は、ちょっとしたピンチですぐにあきらめてしまう。楽観主義者は、「失敗は成功のためのウォーミングアップ」。たとえ失敗しても、「次は必ず成功する」とファイトを燃やす。

悲観主義者と楽観主義者を隔てているのは、そのピンチの内容ではなく、ピンチの捉え方にある。

たとえば、コップに水が半分入っている。「まだ半分ある」と考えられるのが楽観主義者、「もう半分しかない」と思うのが悲観主義者。イチローは凡打を重ねれば重ねるほど元気になれる。あるいは、凡打を重ねれば重ねるほど「次の打席でヒットを打つ確率が高くなった」と考えられる。

楽観主義者は「……できる」という言葉で締めくくる。いっぽう、悲観主義者は「……できない」という言葉を頻繁に口にする。

思考が行動をコントロールする以上、「……できる」という言葉で締めくくることを口癖にしてしまおう。それだけで、あなたは簡単に楽観主義者の仲間入りができる。

人生には、良いことがあれば悪いこともある。良いときは長く続かないが、悪いときもいずれ終わる。あるいは、あなたにとってまったくコントロールできない良くないことが起こるのも人生である。

そのとき、運が良いとか悪いとか言っても始まらない。**事実を冷静に受け止め、それを乗り越えるために自分がコントロールできることだけに焦点を絞って、できる限りの努力を積み重ねていこう。**

イチローのような完璧なバッターにも、調子の波は訪れる。しかし彼は、結果にはあまり反応せず、その事実を真摯《しんし》に受け止めて、自らの確信に沿って修正していく。その結果、多くの試行錯誤を繰り返していないとたどり着けない境地に到達できる。

経験を積んでくると、自然に湧き上がってくる感覚がある。そんな感覚を獲得するには、とにかく考えることをいったんやめて、まず行動してみよう。

まちがってもかまわないから、自分が思ったことを実行してみる。失敗を恐れずに、果敢に実行に移そう。その中での経験が、着実にあなたの実力をつけてくれる。そう信じよう。

それだけでなく逆境を経験すればするほど、逆境に対して冷静に対応できるようになる。起こってしまったことを嘆いてもしかたがない。その中でもがき苦しむことも大きな財産となると信じよう。

逆境の中にあっても、淡々とした境地で打開策を探り出すことも、成長していくうえで不可欠な要素なのである。

6 ピンチのときに効く「瞬間リラックス法」

ピンチのときに笑顔で対処する。それがイチローにはできる。ピンチになればなるほど元気を装えば、不思議と状況が好転していくことにあなたは気づく。

プロゴルファーのメンタルカウンセラーとして、私は「ピンチになったら笑顔を作り、『ピンチを見事に脱出することは楽しい』と心の中でつぶやいてから、スイングを開始しなさい」と彼らに説く。

ピンチを楽しめるようになったら一人前。スランプが続いても、同じ心理状態を維持させること。スランプになると、急に人が変わったように元気がなくなる人がいる。結果に過剰反応するから、こうなってしまう。それが怖い。

心理状態とパフォーマンスには強い相関関係がある。たとえ結果が出なくても、イチローの心理状態はつねに最高レベルに維持されている。

スランプは、調子が悪いから発生するのではない。悪い結果を過剰に意識することで生じる好ましくない心理状態が、パフォーマンスを低下させることに起因する。

ピンチに陥ったら、「これは飛躍の前触れである」と、笑顔で目の前の仕事に取り組もう。それがあなたに偉大な仕事をさせてくれる。もちろん笑顔を作るだけでなく、日常生活の中で、積極的にリラックスできる習慣を取り込もう。

あるとき、イチローはこう語っている。

「何も考えずにボーッと金魚を眺めていると、気持ちが落ち着くんです。とくに、イライラしているときにはリラックスできる」

「瞬間リラックス法」がイチローのすばらしい仕事を支えている。彼は、単純なことで気持ちをリラックスさせる天才である。温泉に行って英気を養うのも悪くない。あるいは、ときどきマッサージに出かけるのも悪くない。ただし、金がかかるし、第一たっぷり時間をかけてリラックスするほど、私たちには時間が余っていない。

仕事の効率が落ちたら、気分転換する方法を工夫すればよい。緊張と緩和をうまくコントロールすれば、驚くほど仕事の能率や出来映えを改善できる。

メジャーリーグでは10連戦、15連戦は珍しくない。傍《はた》から観察していて、「イチローは、いつリラックスしているんだろう」と心配になることがある。しかし、時間をかけてリラックスしすぎるのも考えもの。リラックスしすぎてしまうと、元の仕事モードに戻るのに時間がかかってしまう。

わずかな時間で気持ちをリフレッシュさせるテクニックを身につけよう。

イライラしたら大きく背伸びをしながら2、3回深呼吸してみよう。あるいは、オフィスの中を何も考えずに歩いてみよう。それだけで気持ちが簡単に切り替わることに、あなたは気づくようになる。

7 トップアスリートほど楽観主義者

イチローは、少なくとも悲観主義者ではない。なぜなら、彼は逆境になればなるほど、モチベーションを上げることができるからだ。

じつは、「チャンピオンほど楽観主義である」というスポーツ心理学の研究結果が存在する。前述したアメリカの心理学者マーティン・セリグマンは、1985年にメジャーリーガーの膨大なデータを分析した。その結果、驚くべき事実が判明した。

楽観主義の選手が多いチームは成績が良く、悲観主義の塊《かたまり》のチームは成績が悪い。

彼はメジャーリーガーのコメントを十段階に分けて採点した。もっとも楽観主義な人は10点、もっとも悲観主義な人は1点。点数をつけて、そのチームの平均値を取ったところ、チーム成績と強い相関関係があったのである。

セリグマンはここで「楽観主義」の定義をしている。楽観主義とは、必ずしも物事の良い点だけを取り出して考えることではなく、「現実をそのまま受け取ること」だと言うのである。ここで、彼の定義を以下にまとめておこう。

○楽観主義……現実をありのままに、良いことは良いこと、悪いことは悪いこととして第三者の目で忠実に見ること。

○悲観主義……良いときには浮かれて悪いときには落ち込む。このような躁鬱《そううつ》の激しい心理状態になること。

一般的には、楽観主義者とは物事を好都合に考える人と解釈されているが、じつは、そうではない。**楽観主義者とは、物事のありのままを見続けられる冷静な目を持ち、逆境になっても平常心を維持して、そこからの打開策を見出す人のことを言う。**

イチローの「結果に一喜一憂しない」という態度から、彼がまさしく楽観主義者であることを読み取ることができる。

典型的な楽観主義者の具体例として、1988年のソウル・オリンピックの競泳でマスコミの注目を集めた金メダリスト、マット・ビオンディのあるエピソードを紹介しよう。

ビオンディは、このオリンピックで水泳の7種目に出場することになっていた。最初の200メートル自由形で、彼は予想に反して3位となる。次の100メートルバタフライでも、わずか数センチ、タッチの差で2位に甘んじる。金メダルまちがいなしとの下馬評にもかかわらず、ビオンディはこの出だしの2種目でつまずいてしまった。

並の選手なら、残り5種目でガタガタとくずれてしまう状況である。しかし、ビオンディは残りの5種目すべてで金メダルを獲得したのである。

なぜ、こうした「奇跡」が起こったのか。

じつはソウル・オリンピックの4カ月前に、ビオンディが楽観主義者であることをセリグマン博士は導き出している。彼の開発した「特性診断テスト」によって、彼は楽観的なグループの上位25%に入っていたのである。

ここでもっと興味ある事実は、このテストのあと、博士は「敗北の模擬テスト」という実験をビオンディに試みたことである。

まず、博士はビオンディに100メートルバタフライを泳がせた。実際の彼のそのときの記録は、50・2秒というなかなかの好記録であった。しかし、コーチは「51・7秒だったよ」と、わざと遅い記録を告げたのだ。ビオンディは、その記録に少々落胆した表情を見せた。

数分の休憩後、コーチは彼にもう一度全力で泳ぐよう指示する。2回目のトライアルで、彼は50・0秒と、1回目よりも良い記録を出したのである。

それまでの実験で「悲観主義者は、自分が予想しているタイムよりも悪いタイムを告げられると、次のトライアルでは必ず実際のタイムよりも悪くなる」ことが証明されていた。「エーッ!? 今の泳ぎがなんでこんなに悪いのか」とガッカリして、2回目は成績が落ちてしまうのだ。

博士は実験のあとに、わざと悪い記録を告げたことを打ち明けた。そして「普通なら落ち込むのに、なぜそうならなかったのか?」とビオンディに問いかけた。すると、ビオンディはこう語ったという。

「自分はつねに冷静に物事を見る訓練ができている。だから、自分でもずいぶん悪い記録だと思ったが、それを事実として受け止めて、次はがんばればいいと気持ちを切り替えた。そして全力で泳いだ」

良くない記録を伝えられたとき、ビオンディは感情的にならずに、事実をありのままに受け入れた。そして、モチベーションを上げたまま、最高の心理状態を維持して2回目に泳いだから、1回目よりも良い記録を打ち立てた。この事実は、私たちにも貴重な教訓をもたらしてくれる。

たとえ、うまくいかなかったとしても、それをあるがままに受け止めて、冷静になって対策を立てる。落ち込んでいる暇なんかない。冷静にありのままの自分を受け入れることから始めてみよう。

悪い結果を知って落胆するのは、人間の自然の摂理。しかし、それではけっして楽観主義者の仲間入りはできない。悪い結果をバネにしてエネルギーに変える。

それこそ、イチローをはじめとするスーパーアスリート共通の楽観主義である。

第6章
「視覚化」テクニック

1 ゴールを鮮明にイメージする

アマの登山家とプロの登山家の思考パターンの決定的な違いを教えよう。

まずアマの登山家である。彼は、つねに最高のルートを模索する。だから一番効率よく、しかもたやすく頂上につながるルートのことしか考えていない。もちろん、ちょっと悪天候に陥ったら登山を中止してしまう。

いっぽう、プロの登山家はどうだろう。彼は、最悪の登頂ルートについて、思索を張り巡らせる。あるいは、もっとも過酷な天候を想定して、その困難を克服することに意識を絞り込む。

天候が良く無風のときには、この二人の違いはあまり認められない。しかし、いったん気象条件が悪くなり、登頂が困難になると、まずアマの登山家は登頂を中止する。なぜなら、悪天候で登頂することなど、彼にとってはまったく想定外のことであるから。

いっぽう、プロの登山家は悪天候でも登頂を敢行する。すでに彼の脳裏には、入念にイメージリハーサルした悪天候で登頂を成功させる行動パターンが存在する。だから、たとえ登頂ルートが閉ざされても、ロープで絶壁をよじ登ることまで考えている。

もうひとつ、この二人の登山家の決定的な違いがある。それはゴールをイメージするパワーの決定的な違いである。アマの登山家は、登頂する条件が整ったときにしか頂上に立つ自分をイメージできない。

プロの登山家の脳裏には、どんな悪天候でも自分が頂上に立っている姿がイメージされている。もっと極端に言えば、登頂を開始する前から、彼はすでにイメージの中で「頂上に到達している」。

自分がゴールにたどり着いているイメージを繰り返しイメージしよう。そうすれば、自然にやらなければならないことが見えてくる。

たとえば、私がメンタル面で指導するプロゴルファーには、優勝カップを持っている自分の姿を日々繰り返しイメージさせる。すると、今の努力では、とうてい優勝なんて不可能であるというイメージが湧き上がってくる。「もっと練習しなければ、とても優勝なんてできない」という思いが彼らを練習にかきたて、その努力が優勝に導いてくれるわけである。

ちょっとした逆境で簡単に挫折してしまう人は、ゴールをイメージする力が決定的に不足している。

どんな困難に遭遇しようとも、必ずゴールにたどり着く自分を鮮明に、しかも強烈にイメージする習慣をつけよう。そういうことを四六時中イメージすることが、あなたをたくましい人間に仕立ててくれる。

2 肯定的メッセージを唱える習慣

あるとき、イチローはこう語っている。

「力を出し切ることは難しいですよ。苦しくて、苦しくて、倒れそうになります。でも、それをやめてしまったら終わりです。プロの資格はなくなりますね」

イチローのように、つねにプラス思考を貫けば、少々の逆境なんて簡単に乗り越えられる。たとえ絶望の淵にあっても、「なんとしてもここから抜け出さなくては……」と考えるから、集中力を高めてベストパフォーマンスを発揮できる。

しかし、マイナス思考の人間は、あくまでも悲観的に物事を捉えるから、人生はうまく運ばない。現状の良くない事実に過剰反応して、「ここから立ち直れない」と考えてしまう。

伝説的なフランスの心理学者で、自己暗示に関して成果を上げたエミール・クーエは、自らの著書で、次のメッセージを日々唱えることの大切さを説いている。

「私はあらゆる面で毎日毎日良くなっている」

肯定的なメッセージを吐く習慣を馬鹿にしてはいけない。その効果は、さまざまな分野で実証されている。**たとえ状況がどうであれ、「私にはできない」ではなく、「私はできる」と自分に向かってささやく習慣をつける。**

積極思考が身体に強烈な効果を及ぼす事実について紹介しよう。アメリカの著名な評論誌『サタデー・レビュー』の編集長を務め、広島原爆により被爆した若い女性たちへの義援金を集めることにも奔走したジャーナリストのノーマン・カズンズの話である。

彼は晩年、全身が痛み、麻痺《まひ》する不治の病に冒《おか》される。医者の診断結果は「治るのは五〇〇人に一人」。彼は、医者の指示に従い薬物治療を受けるが、状況は芳しくなかった。

やがてカズンズは病院での治療を拒否して、笑いや生きる意志が治癒的価値を持つことを信じるようになり、それを実行する。

彼のやったことはなんだったか？　病室からホテルの部屋に自分の居場所を移し、コメディなどの愉快なテレビ番組を観賞して、腹の底から笑うことに努めた。その結果、10分間の笑いが2、3時間の痛みの伴わない安眠をもたらしたという。

驚くべきことに、奇跡的に彼の病状は快方に向かい、6年以上の活発な人生を過ごすことができたという。

このように、圧倒的なプラス思考を貫くだけでなく、行動においてもポジティブな態度を崩さないことが、困難や逆境を乗り越える大きな力を発揮させてくれる事実がカズンズの生きざまの中から読み取れる。

たとえ困難な状況になっても、あるいはカズンズのように回復する確率がわずか1％に満たなくても、「自分を変えられるのは世界の中で自分だけ」という決意で、わずかに残された希望でも捨てない。そういう意識を持つことが、あなたに強靭な逆境力をつけてくれる。

3 「視覚化」の天才、イチロー

イチローは、「視覚化」の天才である。

逆境に遭遇して、たとえ事がうまく運ばなくてもがっかりすることはない。「視覚化」を駆使すれば、失敗は、成功までのひとつのプロセスに過ぎないと笑い飛ばせる。視覚化ができない人間は、目の前のピンチと格闘するだけで先のことが見えない。その先に逆境という名のトンネルの出口があるのに、それを知覚できない。

未来を予測することは、ほとんど不可能。しかし、視覚化を駆使すれば少なくとも、「実現したい未来の自分の姿」をいつでも見ることができる。「なりたい自分」を繰り返しイメージとして描いたから、イチローは「なりたい自分」に巡り会えたのである。

願望では弱すぎる。なりたい自分を繰り返し描く「視覚化」こそ、逆境を見事に跳ね返して、あなたの夢を実現する大きな武器となる。

偉大な啓蒙家、ジョセフ・マーフィーはこう語っている。

「成功を願うなら、まず自分が成功していると想像しなければならない」

なりたい自分をイメージすることを趣味にしてしまおう。四六時中、なりたい自分を描くトレーニングを繰り返す。夢を実現したかったら、脳の保有する「視覚化」を駆使して、絶えず自分の理想像を描き続ける習慣を身につける。それだけでなく、その理想像の実現に向かって果敢に最善の行動を起こす。

夢を実現したかったら、その方法はたったひとつしかない。それは「なりたい自分」を繰り返し、それを現実に手に入れたと錯覚してしまうほど鮮明にイメージを繰り返すこと。これは強烈な成功法則である。そういう姿勢を貫くことにより、あなたは必ず行きたい場所にたどり着いて、もう一人の理想的なあなたに巡り会うことができる。

4 自分の感性や本能を信じ、直観や判断力を磨く

自分を信じることができれば、少々の逆境なんて簡単に跳ね返すことができる。ところが現代は、残念ながら情報の洪水に押し流されて、自分で判断する機会がどんどん失われている。これが私たちの感性や本能に蓋《ふた》をしてしまっている。

あの記録的なベストセラー『バカの壁』を著わした養老孟司《ようろうたけし》さんはこう語っている。

「自分の五感で捉えたことしか信用しない。偏狭に見えるかもしれないが、じつは一番確かな態度だと思っている」

まさにイチローも、自分にしかわからない五感に頼ってバッティングの技術を磨き上げてきたはず。無責任なコーチのアドバイスにまったく聞く耳を持たなかったのは、しごく

当然のことなのである。

逆境にあっても、自分の感性を信じれば挫折することはない。現代人から感性や本能によって判断する機会が失われているから、私たちはそれに馴《な》らされてしまい、気づいていない。そのことに関して、作家の川北義則《かわきたよしのり》さんがこう語っている。

「賞味期限も消費期限もなかった昔は、自分の目、鼻、舌を使って判断した。ときに誤ることもあったが、その経験がまた役に立った。今は五感を使わないから、自前の判断力が磨かれない。もっと経験を積んで、自前の判断力を身につけることが大切だ」

情報を疑ってかかる。あるいは常識を信じない。そういうことから始めることにより、自分の感性や本能に敏感になり、直観や創造性が生まれてくる。

感性や本能が失われた結果、私たちはいつの頃からか、目に見えないものの中に潜む新しい発見を見逃すようになった。イチローが類稀《たぐいまれ》なるバッティング技術を身につけたのは、自分の保有する感性や本能にのみ頼って、努力を積み重ねたからだ。

目に見えるものだけしかこの世の中には存在しないという錯覚が、私たちの感覚器官を驚くほど鈍感にしてしまっている。簡単なもので言えば、「温度」や「湿度」は目に見えない。あるいは「ボールの重さ」も目に見えない。そういうものを的確に察知して、イチローの脳は、ピッチャーの投げるボールを驚くほど高い確率でヒットにしてしまう、とてつもなく高度なプログラムを作成しているはず。

あるいは、逆境に陥ったとき、ほとんどの人々が可視化できるものだけを分析して、解決しようとする。しかし、ほとんどの場合、それでは解決できない。

逆境の中に潜む、見えないものを感知して、それを手がかりに解決するしか方策がないことのほうが圧倒的に多い。

言い換えれば、見えないことを感知する能力を最大限活用することにより、驚くほど簡単に逆境を乗り切ることができるようになる。

五感を頼りに、さまざまな決断をする習慣が、案外簡単に逆境を跳ね返してくれるだけでなく、あなたにすごい才能を与えてくれる。

5「自己洗脳」の大きな効果

逆境をものともせず自分の夢をかなえたかったら、「夢を実現している自分」を強烈にイメージしよう。もっと極端に表現すれば、「すでに自分は夢をかなえている」と思い込めばよい。

実際、**すごい夢をかなえている人たちは、「自己洗脳力」が半端ではない。そこから逆境を見事に跳ね返す底力が生まれてくる。**

これに関してアメリカを代表する偉大な映画監督、スティーヴン・スピルバーグの私の大好きなエピソードがある。彼は、小さい頃から映画監督に憧れており、それはたんに憧れるだけでなく、強い信念に支えられていた。

すでに高校生の頃に、旧式のカメラでアマチュア映画を製作していて、同時に、「僕は映画監督になるために生まれてきた」という強烈な信念を持っていた。

彼を映画監督たらしめた最大の要因は、この強烈な信念にある。彼は、カリフォルニア州立大学に入学して『アンブリン』という映画を製作した。そしてその映画を、なんとしてもユニバーサルの映画製作部門の当時の責任者、シドニー・シャインバーグに見せようと考えた。

「目的達成のためには手段を選ばない」。これがスピルバーグの信条である。

シャインバーグに会うために、彼のいるユニバーサルスタジオの厳重な警備をかいくぐる秘策を考えつく。夏休みが始まったその日から、彼は行動に出る。どこから見ても映画関係者という風貌を作り上げ、アトラクションツアーに紛れて、途中で乗りものを降りてスタジオに忍び込む。

もちろん、スタジオを出るときは堂々として守衛にしっかりと顔を覚えてもらい、アルバイトで働いていると思わせた。彼は3カ月間の夏休みを通して、毎日この行動を取り続けた。

この間、著名な映画監督や第一線の脚本家に積極的にアプローチを試み、映画の話をするきっかけをつかむ。そして、ついに念願のシャインバーグに出会い、彼は自らの作品『アンブリン』をシャインバーグに手渡す。

その映画に大きな感銘を受けたシャインバーグは、「君は大学を卒業したいのか、それとも映画監督になりたいのか」とスピルバーグに語りかけた。もちろんスピルバーグの返事は、「今すぐ映画監督になりたい」であった。

その一言が、スピルバーグ監督誕生の第一歩となったのである。しかし、たとえそのときシャインバーグに拒絶されたとしても、彼は絶対あきらめなかったはずだ。

なぜなら、この作戦に失敗しても、彼の「自分は絶対映画監督になる」という信念はいささかも揺らぐことはなかったはずだからだ。

スポーツ選手に限らず、芸術家、偉人、天才たちというのは、徐々に成功するのではなく、あるとき突然成功するのである。

つまり、どれほど粘り強く努力を積み重ねることができるか。それによって、その人間の運命が決まる。

残念ながら、多くの人間がそこに到達する直前まで努力し続けて、成功の直前であきらめてしまっている。どこまで粘り強く我慢できるか、そのことを神が試していると考えてみよう。

一流と並のプロを隔てているのは、才能の違いではなく、成り切るイメージの強さにある。

自己洗脳力を高め、夢を実現している自分の姿を頻繁にイメージしよう。それがあなたに逆境を跳ね返すエネルギーを与えてくれ、結果的にすばらしい夢をあなたにプレゼントしてくれる。

6 明確な「自己イメージ」を描こう

努力をいくら積み重ねても、あるいはいくら執着力を持って仕事に取り組んでも、志が低い人間は、残念ながら一流にはなれない。

1世紀前に生きた著名な心理学者、ウイリアム・ジェームスがこう語っている。

「人間というのは、概してその人間が思い描いた通りの人間になる」

まさにイチローは崇高な「自己イメージ」を持ちながら、絶えまない血のにじむような努力と異常な執着力を持って野球に取り組んだから、偉大なプレーヤーに上り詰めることができた。

ここで「自己イメージ」を定義してみよう。「自己イメージ」とは、心理学的には「その人間が自分に対して抱いている漠然とした「イメージ」のことを指す。残念ながら、多くの人々が自己イメージを過小評価している。

つまりほとんどの人間が、過去の人生に起こった事実によって、現在の自己イメージを無意識に心の中に作り上げている。これを、わかりやすいたとえ話で説明してみよう。

ここに二人の車を売るセールスマンがいる。仮にセールスマンA、セールスマンBとしておこう。二人のセールスの能力はまったく同じであるが、セールスマンAは月に5台車を売るという目標を持っている。いっぽう、セールスマンBは月に20台売るというノルマを自分に課している。

第1週目に二人のセールスマンはそれぞれ5台の車を売ったとする。すると、セールスマンAは「これで今月の目標を達成できた」と考えてしまい、手抜きをしてしまう。

いっぽう、セールスマンBは「このペースで売り続けなければ……」と考えて、努力を怠らない。月末に締めたら、どちらのセールスマンのほうが車をたくさん売っているだろう？　言うまでもなく、セールスマンBである。

その理由は、二人の自己イメージの違いによってしか見出せない。

ほとんどの人々は、自分の能力を過小評価しているため、「自己イメージ」の描き方が控え目なのである。その結果、残念ながらほとんどの人々が最高の自分に出会うことなく、この世を去ってしまう。

私たちは、自分が描いた夢より大きなことをやってのけることなど、ほとんど不可能なのだ。たとえば、あなたの家で飼っている金魚を大きく育てようとしたかったら、エサをたくさん与えるのではなく、大きな金魚鉢に入れ替えてやること。そうすれば放っておいても金魚はどんどん大きく育っていく。

イチローやタイガー・ウッズにしても、幼少時代に高い志を持つことがなかったなら、たぶん平凡な選手で終わっていたはずだ。

あなたが壮大な夢を実現したかったら、**自分の志を紙に書き出す作業を通して、ときどき自己イメージを点検してみよう。そして、その自己イメージがあまりにも現実的なら、すぐに書き換えよう。**

ここに、私の好きな言葉がある。

「勝者は事が起こるように〝する〟。敗者は起こるがままに〝任せる〟」

あなたが逆境を跳ね返して成功をつかむためには、人生という車の助手席に座って運転手任せにするのではなく、運転席に座って自らハンドルを切らねばならない。

7 イチロー式「自己イメージ」の作り方と活かし方

イチローのすごさは、自己イメージの作り方とその活かし方にある。なぜなら自己イメージの描き方が、その人間の運命を決定してしまうからだ。

どうせ一回限りの人生である。あなたが逆境を跳ね返して夢をかなえたかったら、今すぐ「自己イメージ」の再点検をしてみよう。

「自己イメージ」とは、本人が自分をどのような捉え方で生きているかということ。たとえば、ここにプロ野球で2割5分しか打てない選手がいるとする。本人は、その数字を自分の持つ技術の未熟さのせいであると考えてしまっている。

しかし、彼が打てない理由はそこにあるのではない。2割5分という過去の成績によって、「自分は2割5分しか打てない打者である」という「自己イメージ」を心の中に勝手に形成したために、脳はその自己イメージにできるだけ忠実にその人間のパフォーマンスを発揮させようとしてしまうのだ。それが結局、その人間の飛躍を阻んでしまう。

つまり、**好ましい自己イメージを描けば好ましい結果が約束され、良くない自己イメージを描くことにより、良くない結果を招いてしまう確率が高くなる。**

もちろん、誇大妄想的な自己イメージは論外である。その点に関しても、イチローはすばらしい。たとえば、メジャー2年目のシーズンを終えて3年目の抱負を聞かれたとき、彼はこう語っている。

「何度も言っていますが、変わることは何もありません。変えようとするつもりもないし、その必要もないでしょう。イチローであることを変えようとすると、何かが狂ってくる」

大きな夢を持ちながら、しっかりと地に足が着いている。まず大きな夢を抱き、自分の目標をしっかりと設定する。そのうえで、理想のバッティングをイメージし、それを頭の中で繰り返しながら、毎日の練習の中で最高のバッティングを目指して微調整を繰り返す。そのような姿勢を崩すことなく努力を積み重ねたから、イチローは確実に自分の夢をひとつずつ実現していった。

あなたの自己イメージをもう一度再点検して、イチローのように、崇高な「自己イメージ」に描き変えよう。

もう一度繰り返そう。**ワクワクするような高い志を持って、それに向かって努力を積み重ねよう。そうすればどんな逆境も跳ね返して、あなたは確実に夢をかなえることができるようになる。**

［第7章］

イチローに学ぶ「逆境」克服法

1 「今日だけはテクニック」を使おう

逆境を乗り越える忍耐強さを身につけるには、「人生は今日しかない」という覚悟で人生を完全燃焼させること。

考えてみれば、人生というのは「今という一瞬」の連続体。

つまり極端に言うと、人生とは、今という一瞬しかないのだ。だから「1日単位で完全燃焼」こそ、逆境を乗り越える大きな武器となる。

イチローは、毎日の日課を驚くほどていねいにこなすことにより、ゲームで最高の心身の状態を維持することができる。だから、最高の状態でバッターボックスに立てる。それが結果的に、彼にヒットを量産させている。

じつは、私たちもその気になればこれを真似することができる。その日最高の心身の状態で出社して、退社後少なくとも１時間は仕事を忘れて趣味や運動を楽しもう。あるいは、コンサートやスポーツ観戦のチケットをあらかじめ予約して、それを励みにその日１日を完全燃焼させよう。

この考え方は、私が師と仰《あお》ぐアメリカを代表する心理学者、ジム・レーヤー博士から直接伝授された。いわゆるレーヤー博士が唱えた「今日だけはテクニック」という逆境を乗り越える究極のメンタルテクニックである。

どんな厳しい試練が待ち構えていても、今日だけならがんばれる。だから、「今日だけ」という期限を設定して、自分を励ますメッセージを自分に唱え続けながら行動すれば、人間は誰でも偉大なことを成し遂げられる。

どんな困難に遭遇しても、今日だけならなんとか我慢できる。そして、それを毎日繰り返すことにより、人間はどんどんたくましくなっていける。

朝起きる前にベッドの中で、たとえば以下のメッセージを自分に言い聞かせよう。

「今日だけは、プレゼンのために5時間たっぷり時間をかけてがんばろう」
「今日だけは、顧客をいつもより5軒多く回ろう」
「今日だけは、2時間残業して資格試験の勉強に充《あ》てよう」

あるいは、たとえどんな逆境に遭遇しても、「逆境が乗り越えられるかわからないが、とにかく今日だけがんばってみよう」とか、「事態は厳しいが、今日だけならがんばれる」と自分を励ましてみよう。

これを毎日続けていると、気がつけば、いとも簡単に逆境を乗り越えている自分を発見できるようになる。

2 真の負けず嫌いとは？

2007年9月12日、シーズン終盤の対オークランド・アスレチックス戦で、イチローはシーズン初エラーを記録する。その日のことを思い出してイチローはこう語っている。

「エラーが『1』になったことは、僕には、つらいことです。消し去ることができない……忘れられないですよ」

この言葉に象徴されるように、とにかくイチローはとびきりの負けず嫌いなのである。逆境に立ち向かうには、とにかく「負けず嫌い」でなければならない。一流と並のアスリートを隔てているのは、努力の量でも練習に対する没頭力でもない。じつは負けず嫌いが両者を隔てている。

負けず嫌いというのは、一見負けることを恐れている人間のように映る。しかし、事実はそうではない。それは、負けることを許せない人間のこと。

ずいぶん前の話になるが、イチローの母・淑江《よしえ》さんがこんな話をしている。

「ウチの家族は、10月のイチロー、11月のお兄ちゃん、12月のお父さん、1月の私と誕生日が毎月続くんです。子どもの頃イチローは、『僕が一番早く誕生日が来るのに、なんで一番小さいんだ』と言って駄々《だだ》をこねて泣くんです。とにかく、人よりも下と言われるのが昔からイヤだったみたいです。小さいなんて言われようなもんなら、取っ組み合いになりましたから」

イチローの幼心《おさなごころ》の中には、すでに人一倍の負けず嫌いが芽生えていたのだ。ピッチャーとして活躍した愛工大名電時代にも、入部直後の松商学園戦でボコボコに打ち込まれて、人生で唯一「野球をやめたい」と父・宣之さんに漏《も》らしたことがある。

中村監督が、高校時代のイチローを振り返りながらこう語っている。

「イチローは、試合に負けてもそのことをいっさい口にしませんでした。人一倍の悔しがり屋だから、負けるように仕向けるとムキになってやる。しかし、そのいっぽうで、人に関係なく、自分で決めたノルマを淡々とこなしていくクールさも持っていました」

イチローは負けを悔しさに変えて、それをバネにして飛躍してきたから、偉大なメジャーリーガーになれたのである。野球だけでなく、人生にも「負け」は必ず存在する。負けを恐れるのではなく、負けをバネにして飛躍すればいい。負けはその日限りのもの。負けたらその悔しさをバネにして、次の日に勝利を奪い取ればよい。

負けて挫折している暇なんかない。負けたことを闘志に変えて、なんとしても次の勝利に結びつける。そのこだわりが成功者の条件である。

あらゆるスポーツには、審判がいて、他人がゲームの勝利を判定する。ボクシングならばTKOを宣言されると、自分に戦意があっても、そこで勝負が決するわけである。みじめな敗北者としてリングを去らねばならない。

しかし、人生というゲームの真の審判は自分自身。自分以外に審判はいないわけだから、他人の目を気にする必要はない。何度失敗しても、「自分が負けた」と考えない限り、負けはない。

アメリカン・フットボール史上に残る伝説的な名選手、ビンズ・ロンバルディが語った、私の大好きな言葉がある。

「ノックダウンされるかどうかは問題じゃない。大事なのは、立ち上がれるかどうかなんだ。挑戦することをやめない限り、完全に負けることなんて絶対にないんだ」

つまり、**人生というゲームは、いくら負け続けても再びチャレンジすることのできる「敗者復活戦」の連続なのである。**

大相撲では7勝8敗で負け越しが決まる。しかし、人生というゲームでは14連敗しても「千秋楽」で勝てば、勝ち越しなのである。連敗しても、リベンジを誓って次の勝利のために果敢に勝負に挑む。これこそ、人生を勝利に導く負けず嫌い以外の何ものでもない。

3 「失敗のイメージ」を描くことから逃げない

いくら成功のイメージを描いても現実的でなければ、それは「絵に描いたモチ」に過ぎない。多くの啓蒙家が、「成功のイメージを描けば必ず夢はかなう」と繰り返し説いてきた。しかし本当にそうだろうか？

人生は、そんな単純な図式でうまく運ぶほど甘くない。その証拠に、成功することだけを夢見て挫折していった人間のことなど、彼らの本にはこれっぽっちも書かれていない。

逆境が脳に切迫感を与え、人間に新たな才能を授けてくれる。

たとえば、有能なセールスマンは、商談に失敗すればするほど元気になれる。たとえ商談に失敗しても、へこたれない精神でそれを分析し、改善すべき点を発見し、次の商談に備えるからこそ彼らの成功がある。

もっと言えば、「セールスは断られるのが仕事」と考えるから、一流のセールスマンはへこたれない。商談が決裂して、あなたが失うものは、その商品が売れなかったこと。いっぽう、商談が決裂して、あなたが得るものは、その商談の失敗の原因を分析して次につなげることができること。

そう考えると、商談がうまくいかないこともまんざら悪くない。失敗をバネにして自分の成長の糧にする精神力こそ、有能な人間の共通点。

ゴルフを上達させたかったら、とにかく等身大の不完全な自分をイメージに描くことから始めてみればよい。ずいぶん前になるが、あるゴルフメーカーと契約しているものの、なかなか一流の仲間入りができない数人のツアープロを集めて、こう言ったことがある。

「君たちが頭角を現わせないのは、才能の欠如のせいではない。**成功のイメージを描くことだけに終始して、失敗のイメージを描くことから逃げているからだ。失敗のシーンを描くことを恐れてはいけない。**現実の失敗をありのまま描いて、それをなくす具体策を徹底的に練って、練習を積み重ねる。それが飛躍する大きなヒントになる」

スポーツに限らず、ビジネスの世界においても、ありのままの失敗をリアルに描き、そのうえで失敗の原因を探り、そこから新たなプランを創出する。

これこそ、プロとして進化する切り札となる。

4 中村監督がイチローに教えた〝野球以外のこと〟

イチローを偉大なメジャーリーガーに仕立てた原点は、当時の中村監督の教えにたどり着く。ひとつの出会いが、ときとしてその人の運命まで変えてしまう。そういう意味でイチローは幸運だったと言える。

中村監督はどのような存在だったか、という問いに対して、イチローはプロ野球選手になったあと、こう語っている。

「まちがいなく僕の人生の師でしょうね。監督からは野球はもちろんですが、それ以外のことを教わりました。社会に出てからのための教育をしてくれたんだと思います。野球ができるのは短い間かもしれないが、それが終わったあとにどういう人間でいられるかが問題だと言って、ミーティングのときにいくつもの人生訓を話してくれました」

中村監督が、選手たちに繰り返していた言葉がある。

「三振するときは思いきり振れ。そして、三振してダッグアウトに帰ってくるときに、悔しいとか、ボケッとして戻ってくるな。『ベンチまでの13歩は次の打席、次の試合のためにある』と考えろ」

高校時代に、イチローはメンタル面のチェックを受けたことがある。そして、「困難の克服」「勝利志向性」「精神的強靭さ」「闘志」の4項目で最高点を記録した。

この結果から、イチローの心理的特性を探ると、以下のようになる。

○困難になればなるほど、それに立ち向かうファイトが湧いてくる
○どんな場合でも、勝利のことしか考えない
○どんな困難な状況でも、精神的に安定している
○勝つことへの闘志は誰にも負けない

どれをとっても、スポーツ選手として理想的な心理状態である。このことからも、メンタル面の充実に、中村監督が果たした功績は限りなく大きい。

当然のことながら、プロ野球選手になってからのイチローの発言にも、随所に中村監督の「思考法」の影響が見出せる。逆境に負けない強靭な精神力を身につけたイチローにとって、運命を変えた、まさに「恩師」という言葉がふさわしい指導者である。

5　最悪の状況を想定した練習

中村監督のエピソードをもうひとつ。彼はイチローだけでなく、野球部員に事あるごとにこう語っていたという。

「いつも2ストライクに追い込まれた状態を想定して、『自分は打てるに決まっている』と考えて、バッティング練習すれば本番でも打てる。そういう意識を持って練習しないと、かんじんなところで打てるようにならない」

この中村監督の教えを信じて、イチローはどんな状況でも2ストライクに追い込まれた状態を想定して、バッターボックスに入ったという。つまり、あえて自分をぎりぎりの状態に追い込んで、その状態でも「必ず打てる」と考える思考パターンを身につけたから、一流のバッターになり得たと言える。

最悪のイメージを描いて、それを克服することを進んでイメージしてみることにより、私たちは埋もれている潜在能力を発揮できるようになる。

危機管理能力を持って、猛獣やウィルスといった天敵や、度重《たび》なる天災との闘いを克服して生き抜いてきた、祖先からの強いＤＮＡを私たちは受け継いできている。

良くないことを想定して準備を怠らない。一流になるにはピンチを恐れてはいけない。**あえて最悪の状況を想定して、冷や汗をかいてみる。そうすることにより、恐怖や不安への耐性が着実に身についていく。**

良いイメージしか描かない人間は、ちょっとした不安や恐怖に感情が反応して、パニックに陥ってしまう。それでは、満足な行動なんて取ることはできない。

だいたい良くないイメージが浮かび上がっても、まちがってもそれを取り除こうとしてはいけない。そのイメージを追い払おうとすると、ますます悪いイメージが増幅される。

たとえば、その典型例が夜中に目が覚めて寝つけないとき。「眠らなければ」と思うと、かえって目が冴えてしまう。そういうときは、「眠れなくてもいいや」と気持ちを切り替えると、案外リラックスして眠りに入れるもの。

悪いイメージが浮かび上がったとき、それを打ち消そうとするのではなく、それを受け入れよう。むしろ、悪いイメージを楽しむ気持ちを持てばよい。

そのうえで、どうすればその悪いイメージを脱却して問題を解決できるかについて、冷静に思索を重ねればよい。この方法は、ビジネスの世界でも、まったく通用する。プレッシャーのかかる場面から逃げるのではなく、勇気を出して失敗のイメージを浮かび上がらせ、そこで冷や汗をかいている自分を描けばよい。

あえて絶体絶命のピンチを脱出し、問題をクリアし、逆境を跳ね返して成功するイメージを描くことを楽しもう。イメージの中で冷や汗をかいてみて、「なんだ。失敗しても、たいしたことないじゃないか」と安心できることも、また多いのである。

世間は甘くない。自分の思った通りにすべてが行くはずがない。最高の状況をいくら描いても、それは「絵に描いたモチ」に過ぎない。そうではなく、進んで最悪の状況をイメージしてみよう。

切羽詰まったときにこそ、馬鹿力が出る。それだけでなく、良くない状況が自分に才能を与えてくれる。そう考えてみよう。そうすれば、少々の不運があなたを襲っても、簡単に切り抜けられる。

「まったくついていない自分」や、「何をしてもうまくいかない自分」をリアルに描いて、そこから這い上がっていくたくましい自分をイメージする。そういう心構えがその人間を成功に導いてくれる。

危機意識と切迫感を持って、「毎日一歩前進」を目指せば、誰でも成功にたどり着けるようになる。

6 結果よりも、その過程を重視する

「野球がうまくなりたい」というイチローにとっての永遠のテーマが、彼を夢中にさせている。

自分の技を究めたい。プロにとってのこの永遠のテーマを追い求め続ける限り、順境のときはもちろん、逆境においても高いレベルのモチベーションを絶やさずに目の前の仕事にのめり込める。

そこに「賞賛を受けたい」とか「社会的評価を得たい」といった打算は働かない。そんな要素は自分で決めるものではなく、第三者が決めるもの。イチローにとって、技を究めることに夢中にさせているのは、成果よりもむしろ、その道のりが楽しいという思いである。2年目のシーズンを終えて、イチローはこう語っている。

「結果を振り返れば、良いときも悪いときもあります。でも全力を尽くしましたから……。僕の中では、去年も今年も同じです。どちらも、たいへんでした。何も違いは感じませんね。プレーにかける気持ちにも変わりはありませんし」

全力を尽くせば結果が出るという方程式は、過酷な競争社会では、もはや通用しない。むしろこの世の中では、全力を尽くしても成果の出ないことのほうが多いと考えたほうがよい。

ただし、はっきりしていることは、「全力を尽くすことなくして偉大な成功はあり得ない」という事実である。

「結果」よりも「過程（プロセス）」に照準を当て、全力を尽くす。

これこそ、逆境を跳ね返してすばらしい成果を上げるために不可欠なもの。どんな結果に終わろうとも、勝負に決着がつくまで全力を尽くす。言葉で言うのは簡単だが、これを実行するのはけっこう難しい。

「結果」は出た時点で、もはや過去のただの数字に過ぎない。たとえどんな結果に終わろうとも、そんなものを捨て去って、自分の行なった「プロセス」に意識の焦点を当て続ける。そこに成功の秘密が潜んでいる。これに関してイチローはこう語っている。

「なぜ、プレッシャーになるのかと考えたとき、これまで自分は他人の作った記録を追いかけてばかりいたことに気づきました。そして、自分のバッティングをして、それで結果が出なくても別にいいじゃないかと思えるところまで、到達したのです。ベストを尽くすだけでいいと思ったとき、道が開けたような気がします」

もちろん結果を出すために、私たちはベストを尽くすわけであるが、**たとえ成果が芳しくなかったとしても、ベストを尽くしたことにより得るものが必ず存在する。それを見逃してはいけない。**

前述したように、イチローにとって印象深いメジャーにおけるハイライトは、２００４年のシーズン、ジョージ・シスラーのシーズン２５７安打の大記録を84年ぶりに破ったときでまちがいないだろう。それはまぎれもなく、史上最高のバッターの一人になった瞬間でもあった。

誰でも自分が打ち立てた偉大な記録を誇示したくなるもの。しかし大記録を残したあとでも、試合後のインタビューにおけるイチローのコメントは、いたって素っ気なかった。

「自分にとって、満足できるための基準は、少なくとも誰かに勝ったときではない。(満足は)自分が定めたものを達成したときに出てくるものです」

どんな劣勢にあっても、あるいは勝負にケリがついたあとでも、ゲームが終わるまであきらめないでベストを尽くす。そうしないと、かんじんなときにあきらめ癖が出てしまい、勝負を勝利に導くことなどできない。

「どんなに苦しいときでも、あきらめようとする自分はいなかったし、あきらめる自分もいなかった。そのときのベストを尽くそうという自分がいたということ。それは、とても心強いことでした」

どんな逆境にあっても、自分のスタイルを崩さずプロセスに意識を絞り込んで、ベストを尽くす。これこそ、私たちがイチローに学ぶべき大切な心構えなのである。

［第8章］

自分流を貫き、「逆境」を跳ね返せ

1 あきらめの早い人間は、一流になれない

逆境を経験しない人生なんておもしろくない――。あなたがそう考えられたら、一人前。実際、順境のときに浮かれているだけの人間は成長していけない。結局、その人は充実感のない人生を送る運命にある。

鉄は熱いうちにたたかれ続けることにより、強靭になる。それと同じように、人間は若いときにこそ、逆境に見舞われることにより、どんどん強くなっていく。それだけでなく、新しい才能を開花させることができるようになる。

プロの仕事においては、いくら努力しても報われないことのほうが多いと考えたほうがよい。10回チャレンジして、1回果実を得られたら、御《おん》の字《じ》と考えたほうがよい。

しかし、たとえ果実が得られなくても、目に見えないところで自分の才能は着実に磨かれていくと考えてみよう。そう考えることができれば、成果の出ない不毛の努力もまんざら捨てたものではない。そういう覚悟で、信念を持って自分が納得できるまでチャレンジを持続してみよう。

結局のところ、**あきらめの早い人間は、けっして一流になれない。**

もちろん、心の持ち方次第であきらめの早い人間も、果敢に逆境に挑み続ける行動パターンを身につけられる。

具体策として、「この逆境を乗り切るまで、私は絶対逃げ出さない」とか「この逆境が着実に自分の実力をつけてくれる」といったメッセージを毎朝、起床後にメモ用紙に書き記そう。頭の中で考えるだけよりも、自らの手で書き記すことにより、行動力は何倍もつくようになる。

水滴ですら、岩をも貫くことができる。気の遠くなるような時間を通して、岩に滴《したた》り落ちる水滴は、堅い岩をも貫くことができるのだ。

それと同じように、逆境という壁も、繰り返しぶつかり続けるうちに必ず打ち崩すことができる。だから、逆境にあってもけっしてそこから逃げ出してはいけない。

イチローのように、たとえ結果が出なくても、ただひたすら自分の才能を磨くために目の前の仕事が存在するという気概を持って、仕事に取り組もう。

そのことに関して、あるとき、イチローはこう語っている。

「少し感覚を失ったときに、どういう自分でいられるかなのです。苦しいですが、あきらめない姿勢があれば、何かをつかむきっかけになります」

この態度こそ、逆境をものともしない強固なメンタルを心の中に形成して、あなたを成功に導いてくれる。

2 知識・情報を捨てることで見えるもの

私たちが生きているこの情報社会には、「勉強」や「学習」という言葉が氾濫《はんらん》している。私は、ちょっと困った現象だと思う。確かに、向学心を持って勉強や学習に励むことは、それはそれで悪くない。

しかし、あえてそういう姿勢をやめて、**イチローのように自主的に悟《さと》る精神を身につけることが、この時代をたくましく生き抜くために要求されている。**

ただ蘊蓄《うんちく》を垂れるだけの寄せ集めの知識は、ほとんど役に立たない。あるいは、安直な勉強をしただけで、自己満足に陥ってはいけない。それらが、あなたの才能を育ててくれるわけでもなければ、あなたの人生を実りあるものに変えてくれるわけでもない。

いくら知識を脳に溜め込んでも消化不良になるだけで、それがプラスになることはほとんど望めない。不必要な知識を取り込むことにより、かえって脳はオーバーヒートして、思考停止してしまう。このことに関して、イチローの発想はまるで逆である。

「今でも、ブレない自分というのが完全にでき上がっているわけではないですよ。ただ、そのときどきに感じたものを削除する、という行為を繰り返してきただけなんですよ」

つまり、捨てることにより、はじめて見えてくるものがあるのだ。ダイエットブームで、脂肪太りが良くないことは誰でも知っている。しかし、現代人は「知識太り」になっているにもかかわらず、それを憂《うれ》える話題には、あまりお目にかからない。

不要な知識を捨てることにより脳は冴え渡り、感性や本能が蘇《よみがえ》る。

だから、逆境に陥ったときにつまらない知識に振り回されて、まちがった決断をすることは絶対に避けなければならない。

イチローはあえて細いバットを使うと言う。なぜなら太いバットを使うと、芯を外してもヒットになり、技術が磨かれないからだと言う。あえて難しいバットを使うことにより、感性や本能が研ぎ澄まされることを彼は知っている。

イチローのように、自分の成長に不可欠な最小限の知識以外は潔く捨てることにより、今まで見えてこなかったものが見えてくる。それだけでなく、たとえ逆境に見舞われても、自分を見失わないで何をすべきかを発見できるようになる。

3 「言い訳」を封印せよ

じつは、努力することなく先天的な素質だけで、一流のプロフェッショナルになった人間なんて一人もいない。

当然のことながら、イチローにしても、メジャーリーガーという自分の仕事を中心に1日を組み立てて、徹底して努力を積み重ねたから、偉大なアスリートになり得たと、私は考えている。

もっと言えば、イチローの脳裏には24時間、断続的に野球のことが渦巻いているはず。どんな状況にあっても、四六時中仕事のことを考える。その覚悟がなければ、一流のプロの仲間入りをすることなど、とうてい不可能である。

「人生の中に仕事がある」のではなく、「仕事の中に人生がある」と考えてみよう。あえて「仕事中毒」にならない限り、ほかのライバルと一線を画すことなどまったく不可能。

イチローの辞書には、妥協という言葉がない。たとえば、第2回WBCにおいて、絶不調に陥ったときでも、彼の口から言い訳は出てこなかった。

じつはたいていの人間は、やる前から、失敗に備えてつねに言い訳を考えている。しかも、**日本という風土は言い訳を許すシステムが定着している。**それが、メンバーのモチベーションを低下させている事実に案外、私たちは気づいていない。たとえ厳しい上司であっても、「あいつはあれだけがんばったんだから、うまくいかなくてもしかたがない」と失敗した部下を許してしまうことも、少なくない。

言い訳を考えた時点で、その人間は堕落してしまう。

イチローのように、逆境という事実をそのまま受け止めて、そのピンチの状況と格闘することを楽しもう。そこに生きがいを見出すことを覚えた人間だけが、成功者の仲間入りができる。

私はメンタルカウンセラーとして、これまで多くのプロゴルファーの指導を行なってきた。結果が良くなかったとき、彼らがよく使う常套句《じょうとうく》がある。それは「気持ちを切り替えて、次のトーナメントでがんばります」である。

これほど都合の良い言い訳は見当たらない。気持ちを切り替えるだけでは何も変わらないし、その人間にとって進化はない。それだけでなく、逆にそれがその人間を堕落させてしまう。もちろん、モチベーションも上がることはない。

惰性《だせい》のおもむくままにトーナメントを戦うだけの「現状維持に馴らされたプロ」に成り果てた時点で、そのプロゴルファーはゴルフ界から消え去る運命にある。

なぜ、私がイチローに興味を持って彼の心理・行動パターンの研究を推し進めているのか？　それはイチローほど、現状に妥協せず、つねに志を高く持って最大限の努力を発揮することに努めているアスリートを見つけるのは、とても難しいからだ。

たとえば、2009年6月2日の対ボルチモア・オリオールズ戦で第1打席に内野安打を放ち、彼はあっさり自らの連続試合安打の記録を更新した。しかし、試合後のイチローのコメントはいたって冷静なものだった。

「僕のこの感じ、不思議じゃないでしょう？ そもそも自分のやっていることが不思議に思えたら、終わっていると思う。それはもう論外、レベルが低すぎますね」

人間誰しも、順境が長く続くことを期待する。それはイチローとて例外ではない。しかし、人生でそんなことはほとんどないと考えたほうがよい。

実力は順境ではなく、逆境の中でこそ鍛えられる。だから、逆境になればなるほど自信を深めよう。**そこで培われた実力こそが、その後の順境を生み出してくれる。**そう考えてみよう。

それだけでなく、逆境になっても笑顔を絶やさず、「これだから人生はおもしろい」と自分に言い聞かせ、モチベーションを上げて、最善の努力でその困難な状況と格闘しよう。その楽しさを実感できて、はじめてあなたは成功という階段を昇ることができる。

4 なりふりかまわず、自分流を貫け

自分のことは自分で解決するしかない。

それが一流のプロの共通点。他人に頼ると、とんだシッペ返しを食らう。もっと言えば**他人のアドバイスを安易に受け入れてしまう人間は、けっして一流にはなれない。**

このことに関して、日本を代表する音楽家坂本《さかもと》龍一《りゅういち》さんはこう語っている。

「僕は与えられたチャンスには挑んでいったけれど、自分の背中を誰かに押して欲しいと思ったことはまったくありませんでした。若いときには、たとえ1歳でも年上の人間は全部敵だと思っていて、その人たちの言うことは絶対に聞くものかと思って生きてきたからです。それくらいの気概を持っていないと、本当は何もできないのです」（日本経済新聞）

とにかく、なりふりかまわず自分流を仕事の中に確立していこう。そうすれば、どんな仕事もおもしろくなる。反対に、安易に同僚や上司のアドバイスを鵜呑《うの》みにしてうまくいかなかったとき、彼らは助けてくれない。失敗の責任はすべて自分にある。

なぜ、イチローは打撃コーチの言うことを頑《がん》として聞き入れなかったのか？ それは、第三者のアドバイスは無責任。そうイチローが考えていたから。それを鵜呑みにして、あとでうまくいかなかったからと嘆いても、もはやあとの祭りなのである。

それどころか、安易にアドバイスを受け入れる優柔不断な態度は、二流のプロという烙《らく》印《いん》を押されてしまう。

だから、たとえ上司のアドバイスでも、納得できないときには、そのまま安易に受け入れてはいけない。ただし全面拒否では上司の心証を悪くするから、納得できる最小限のことだけは受け入れて、あとは徹底して自分流を貫こう。それだけでなく、自分の仕事に対するこだわりを上司にしっかりと訴えていく姿勢が求められる。

もちろん、プロなら実績を出さない限り、いくら正当な主張をしても、相手にされないことも忘れてはならない。

自分流とは、「成果を上げるための自分流」でなければならない。ただのわがままとは決定的に違うのだ。

もう一度、繰り返そう。

目の前の仕事の最終的な責任者は上司ではなく、あなた自身。うまくいったときはもちろん、うまくいかないときこそ、仕事の全責任は自分自身で負う。そういう気概がなければ、一流のプロの仲間入りなんかできない。

人間の評価というのは、逆境のときにどれだけがんばったかで評価される。有能な上司なら、そのことをしっかりと観《み》ている。誰がやってもうまくいくような仕事で成果を上げても、評価されることなどない。むしろ、そういう仕事を与えられていること自体に問題があると考えてみよう。

たとえば消防士なら、皆勤しただけで評価されることはない。火の粉をくぐって、どれだけ人を救出できたかが問われるのである。

それと同じように、「どれだけ逆境で粘り強く努力を積み重ねたか」とか、「どれだけトラブルを最小限に抑える努力をしたか」といったことがビジネスの現場では試されるのだ。困難な状況に見舞われたとき、イチローなら、こう考えるだろう。

「飛躍のチャンスが訪れた。なんとしてもこの機会を活用して才能を磨いてやろう」

いっぽう、並の選手なら、不満げにこうつぶやくだろう。

「この困難な状況を克服する自信がない。なんて自分は運が悪いんだ」

この両者の思考パターンの違いが、一流と並の人間を隔てている。どんなときでも自分流を貫いて、自らの仕事に誇りを持ってのめり込む。これこそ、逆境を乗り越えて一流のプロの仲間入りをするために不可欠な要素なのである。

5 不安は「消す」のではなく「放っておく」

イチローは、プレッシャーをエネルギーに変える天才である。もちろんイチローにも、不安が心の中に湧き上がることもあるだろう。しかし、彼はそれをうまく受け流してピッチャーの投げるボールをヒットにすることに全力を尽くす。

そもそも、**失敗への不安を消し去ろうとする気持ちがまちがっている。そんな不安は湧き上がれば、そのまま放っておけばよい。**これからやることに意識を絞り込めば、そんな不安はいつのまにかどこかに吹き飛んでしまう。

なかには、現実にまだ失敗していないのに、「失敗しそうだ」と勝手に考える選手がいる。この時点でこの選手は失敗する運命にある。

たとえば、バッターボックスに入る前から「三振に切って取られるかもしれない」と考えた時点で、このバッターはピッチャーに負けている。失敗・不安が心の中を覆い尽くし、その結果プレッシャーのかかった大事な場面で、体がガチガチになってしまい、本来の実力を出せない。

あるいは、「ここで結果を出さなかったらどうしよう」と考えてもいけない。こんな不安が心の中に充満している状態では、良い結果なんて出せるわけがない。

少なくともイチローは、どんな結果が出ようとも、平常心を維持してピッチャーに向き合うことができる。

イチローにとっては、「シーズン２００本ヒットを打つ」という具体的な目標がシーズンを通して心の中に存在するため、数試合ノーヒットでも相変わらず平常心を維持することができる。

もちろん、たとえシーズン２００本のヒットを打てなくても、それはあくまでも結果であって、ベストを尽くしたなら満足できる。イチローはそういう覚悟を抱いて、シーズンをスタートさせているはず。

自分がベストを尽くして、やっとクリアできるぎりぎりの限界に挑むことに意識を絞り込もう。そうすればイチローのように、失敗に対する不安など心に湧き出ることはない。心の中に不安を抱いている人は「不安に敏感な人」ではない。不安と対極にある成功への欲望が欠如した人である。何も考えないでいると、自然に湧き上がってくるのは不安のほう。

不安から逃げようとすると、ますますそれは追いかけてくる。この状況を打破するには、意識的に「成功への欲望」を心に満たすしかない。この心構えが不安をいとも簡単に退散させてくれる。

前述したようにセリグマン博士は、メジャーリーグの選手たちの発言を分析し、そこからその選手が楽観的か、悲観的かを見極めた。そのことに関して、彼はこう語っている。

「楽観的な選手は、通常の場面同様プレッシャーのかかる場面で高い打率を上げ、悲観的な選手は、通常の場面では楽観的な選手に劣らない成績を上げたのに、プレッシャーのかかる場面では惨憺たる結果に終わっている」

彼は1986年も同じ分析を行なったが、結果はまったく同じだった。プレッシャーのかかった場面では、あきらかに悲観的な選手よりも楽観的な選手のほうがよく打っていたのである。このデータにより、彼はいくつかの結論を出した。

①プレッシャーのかかる重要な場面では、悲観的な選手を楽観的な選手に交代させるのが、監督の重要な役目である。

②ドラフトによって新人選手を採用するときには、もしも力量が同じなら、楽観的な選手を選ぶべきだ。

③悲観的な考え方を持った選手は、トレーニングにより楽観主義に変えることができる。

不安を遠ざけようとしないで、意識的に成功の姿を描く。この習慣が、あなたにイチローのような楽観主義者の仲間入りを可能にさせてくれる。

6 「もうひと踏ん張り」の執着力

毎日同じ場所で同じことを必ずやり遂げる。これは、その気になれば誰にでもできる。もしも、私たちがこうした思考・行動パターンを取ることができれば、誰でも一流のプロフェッショナルに変身できる。

逆境を跳ね返す才能を身につけたかったら、日々あたりまえのことをこなしながら、「もうひと踏ん張りの精神」を持てばよい。つまり、ほかの人が店じまいをするときに「さあ、これから店を開けよう」という発想を持つこと。これこそ、執着力そのものなのである。

日々、「もうひと踏ん張り、もうふた踏ん張り」と自分に言い聞かせて、新しい習慣を実行する気持ちが心の中に執着心を育ててくれる。

ここに、執着心に関する私の大好きなエピソードがある。それは、ビジェイ・シンというフィジー出身のプロゴルファーの話である。ゴルフの大好きな方だったら、この名前をご存知だと思う。彼は過去10年間、つねに世界のトップ5に君臨する一流のツアープロである。

彼は15年ほど前まで、まったく無名のゴルファーだった。日本のプロツアーにも参加したけれど、なかなか頭角を現わせなかった。

その彼がなぜ一流になり得たか。彼は自らの著書で、たったひとつのこと以外にその理由はまったく見当たらないと語っている。そのたったひとつのこととは、キャディと取《と》り交《か》わしたささいな約束事だった。

プロトーナメントにおいては、その日ラウンドが終わっても、選手はロッカールームに直行しない。必ず朝練習したはずの練習グリーンに舞い戻って、その日の反省と翌日に備えて、パッティングの練習に明け暮れる。

ビジェイ・シンがキャディと取り交わした約束事、それは、よほどのことがない限り、その日練習グリーンを最後に立ち去るプロゴルファーになるということだった。

ときには、薄暗くなっても数人のツアープロが黙々とパッティングの練習に励んでいる。自分はシャワールームに直行して汗を流したい。でもキャディとの約束があるから、それができない。また気持ちを入れ替えてパッティングの練習に励んだというのである。

そして、やがて真っ暗闇になってその数人のツアープロがロッカールームに消えていったとき、ホッと胸をなで下ろして「これでやっとシャワーが浴びられる」とつぶやいて、彼もまたロッカールームに消えていったという話である。

日々「もうひと踏ん張りの精神」を積み重ねることこそ、執着力そのものだ。

もしもあなたがセールスマンなら、ビジェイ・シンのような決意で、「成約するまでドアをたたき続ける」と宣言して、ほかのセールスマンが事務所に戻ってその日の報告書を書くときに、もう1軒苦手な顧客のドアをたたこう。

少なくともそれを1年続けることにより、あなたはまちがいなく、執着力のある一流の人間になれる。

今度逆境に見舞われたとき、ニコッと笑いを浮かべて、「これでまた私は成長できる」と自分に言い聞かせて、果敢にその逆境と格闘しよう。

そうすれば、あなたもイチローのように、必ず一流の人間の仲間入りができるようになるだろう。

打点	得点	盗塁	エラー	打率	出塁率	守備率	年俸（契約金）
5	9	3	0	.253	.284	1.000	430万円（契約金4000万円）
3	4	0	0	.188	.212	1.000	800万円
54	★111	29	5	★.385	★.445	.982	800万円
★80	★104	★49	2	★.342	★.432	.993	8000万円
84	★104	35	2	★.356	★.422	.993	1億6000万円
91	★94	39	2	★.345	.414	.993	2億6000万円
71	79	11	3	★.358	.414	.988	4億3000万円
68	80	12	0	★.343	★.412	★1.000	5億円
73	73	21	4	★.387	★.460	.982	5億3000万円
69	127	★56	1	★.350	.381	.997	3億2000万円（契約金4億円）
51	111	31	3	.321	.388	.991	1億6000万円
62	111	34	2	.312	.352	.994	2億4000万円（再契約金4億8000万円）
60	101	36	3	★.372	.414	.992	4億円
68	111	33	2	.303	.350	.995	8億8000万円
49	110	45	3	.322	.370	.992	8億8000万円
68	111	37	1	.351	.396	★.998	8億8000万円
42	103	43	5	.310	.361	.987	13億6000万円
46	88	26	4	.352	.386	.988	13億6000万円
43	74	42	4	.315	.359	.989	13億6000万円

イチロー全成績

年度	所属チーム	試合数	打数	安打	本塁打	四死球	三振
1992	オリックス・ブルーウェーブ	40	95	24	0	3	11
1993	〃	43	64	12	1	2	7
1994	〃	★130	★546	★210	13	61	53
1995	〃	★130	524	★179	25	86	52
1996	〃	★130	★542	★193	16	65	57
1997	〃	★135	536	★185	17	66	36
1998	〃	★135	506	★181	13	50	35
1999	〃	103	411	141	21	52	46
2000	〃	105	395	153	12	58	36
2001	シアトル・マリナーズ	157	★692	★242	8	38	53
2002	〃	157	647	208	8	73	62
2003	〃	159	679	212	13	42	69
2004	〃	161	★704	★262	8	53	63
2005	〃	★162	★679	206	15	52	66
2006	〃	161	★695	★224	9	54	71
2007	〃	161	★678	★238	6	52	77
2008	〃	★162	★686	★213	6	56	65
2009	〃	146	639	★225	11	36	71
2010	〃	★162	★680	★214	6	48	86

※★はリーグ・トップ　　※年俸、契約金は1ドル＝80円で計算

参考文献

児玉光雄『イチローに学ぶ「天才」と言われる人間の共通点』（河出書房新社）
児玉光雄『イチロー思考』（東邦出版）
鈴木宣之『いちばん好きなこと一直線』（麗沢大学出版会）
鈴木宣之『父と息子』（二見書房）
金本知憲『覚悟のすすめ』（角川書店）
マーティン・セリグマン『オプティミストはなぜ成功するか』（講談社）
ジム・レーヤー『メンタル・タフネス』（阪急コミュニケーションズ）
ジョセフ・マーフィー『新マーフィー逆境の成功法則』（中央公論新社）
コリン・ターナー『あなたに奇跡を起こすやさしい１００の方法』（ＰＨＰ研究所）
川北義則『逆境を愉しむ身軽な生き方』（ＰＨＰ研究所）
養老孟司『バカの壁』（新潮社）
『夢をつかむイチロー２６２のメッセージ』（ぴあ）
『未来をかえるイチロー２６２のＮｅｘｔメッセージ』（ぴあ）
雑誌『Sportiva』（集英社）
雑誌『Number』（文藝春秋）

一〇〇字書評

切り取り線

購買動機（新聞、雑誌名を記入するか、あるいは○をつけてください）	
□（　　　　　　　　　　）の広告を見て	
□（　　　　　　　　　　）の書評を見て	
□ 知人のすすめで	□ タイトルに惹かれて
□ カバーがよかったから	□ 内容が面白そうだから
□ 好きな作家だから	□ 好きな分野の本だから

●最近、最も感銘を受けた作品名をお書きください

●あなたのお好きな作家名をお書きください

●その他、ご要望がありましたらお書きください

住所	〒				
氏名		職業		年齢	
新刊情報等のパソコンメール配信を 希望する・しない	Eメール	※携帯には配信できません			

あなたにお願い

この本の感想を、編集部までお寄せいただけたらありがたく存じます。今後の企画の参考にさせていただきます。Eメールでも結構です。

いただいた「一〇〇字書評」は、新聞・雑誌等に紹介させていただくことがあります。その場合はお礼として特製図書カードを差し上げます。

前ページの原稿用紙に書評をお書きの上、切り取り、左記までお送り下さい。宛先の住所は不要です。

なお、ご記入いただいたお名前、ご住所等は、書評紹介の事前了解、謝礼のお届けのためだけに利用し、そのほかの目的のために利用することはありません。

〒一〇一－八七〇一
祥伝社黄金文庫編集長　吉田浩行
☎〇三（三二六五）二〇八四
ohgon@shodensha.co.jp

祥伝社ホームページの「ブックレビュー」からも、書けるようになりました。
http://www.shodensha.co.jp/bookreview/

祥伝社黄金文庫

イチローの逆境力《ぎやつきようりよく》

平成23年4月20日　初版第1刷発行

著　者　児玉《こだま》光雄《みつお》

発行者　竹内和芳

発行所　祥伝社《しようでんしや》

〒101－8701
東京都千代田区神田神保町3－6－5九段尚学ビル
電話　03（3265）2084（編集部）
電話　03（3265）2081（販売部）
電話　03（3265）3622（業務部）
http://www.shodensha.co.jp/

印刷所　萩原印刷

製本所　ナショナル製本

造本には十分注意しておりますが、万一、落丁・乱丁などの不良品がありましたら、「業務部」あてにお送り下さい。送料小社負担にてお取り替えいたします。ただし、古書店で購入されたものについてはお取り替え出来ません。

ISBN978-4-396-31542-9 C0195